Dépôt légal - 3e trimestre 2017

Bibliothèque et Archives Nationales du Québec, 2017
Bibliothèque et Archives Canada, 2017
Presses Panafricaines, septembre 2017

ISBN : 978-2-924715-08-6

Illustration de la couverture
Abdoulaye Sané (Laye KTPUDJ), artiste-peintre

Montréal - Canada
www.presses-panafricaines.com

Babacar BA

AMOURS INSOUMISES

Roman

Collection **Soleil d'Hiver**

AMOURS INSOUMISES

« L'amour d'une mère pour son enfant ne connaît ni loi, ni pitié, ni limite. Il pourrait anéantir impitoyablement tout ce qui se trouve en travers de son chemin. »

Agatha Christie

PROLOGUE

Plus de trois décennies s'étaient écoulées. Pourtant, ni les caprices du temps ni ses outrages n'avaient altéré l'apparence du village mythique de Félata. Aussi, les pratiques internes d'antan des villageois étaient-elles plus que jamais d'actualité. Comme par le passé, ils s'adonnent à leurs interminables activités routinières qu'ils commencent chaque jour à l'aube, pour les finir à l'heure où le soleil entame ses manœuvres pour se coucher à l'horizon. À ce moment, on les voit s'activer frénétiquement pour terminer leur corvée avant que le sommeil de l'astre ne les plonge dans l'obscurité. Profitant de l'éclairage des dernières lueurs, ils rangent tous les objets utiles trainant à tort et à travers dans les cours et aux alentours des concessions.

Pour une raison indépendante de sa volonté, tôt dans sa jeunesse, Abdoul avait quitté la localité pour s'établir à Dakar. Depuis lors, il venait d'y remettre les pieds pour la troisième reprise. Les deux premières n'étaient que de courts séjours, mais cette fois, il était décidé à y rester. Cependant, son absence prolongée lui

9

avait fait perdre les habitudes bien ancrées de la vie à Félata. Contrairement aux autres, il ne semblait jamais pressé ou concerné par ce remue-ménage vespéral. Nonchalant, il donnait l'air de quelqu'un qui trainait un lourd fardeau ou qui était prématurément atteint par le syndrome de la vieillesse. Visiblement, sa vigueur et sa vivacité lui avaient été volées par les vicissitudes de la vie qu'il avait menée loin de Félata.

Chaque jour, à la pointe de l'aube, Abdoul s'isolait derrière les buissons où il avait aménagé un banc de fortune. Assis là, seul dans son coin, comme s'il se livrait à un rituel immuable, il se perdait dans des méditations longues et silencieuses. « Je n'aurais jamais dû quitter Félata, aussi, je n'aurais jamais dû y revenir. Ma vie a pris une trajectoire complexe et inattendue qui s'est éloignée des sentiers battus pour s'entremêler avec celles d'autres personnes et former toute une saga. Oui, peut-être que j'en ferai un roman intitulé *Le Bourlingueur*. J'ai roulé ma bosse partout. Maintenant, je suis revenu au point de départ avec rien. Ma seule réalisation est Asta, ma fille. Je resterai ici au village pour elle. »

La rareté d'évènements culturels ou sportifs plongeait en permanence le village dans une morose ambiance. Dans cet environnement dépressif, Abdoul parlait rarement et, lorsqu'il en avait l'occasion, amèrement avec son entourage. Il ne s'intéressait plus à rien. La monotonie des jours qui se suivaient sans trop se différencier ôtait de son esprit tout espoir d'un lendemain meilleur. Il ne lui restait plus qu'un désagréable pressentiment d'être poursuivi par un malheur qui, incessamment, allait s'abattre sur lui. La moindre épreuve qui arrivait même à quelqu'un d'autre l'enfonçait dans une sorte de détresse psychologique. Et, dans sa solitude, il murmurait souvent : « Tout ça, c'est mon triste sort. Beaucoup d'évènements malheureux se sont invités dans ma vie contre mon gré. Je ne souhaite mes souffrances même pas à mon pire ennemi. »

Comme si sa déprime ne suffisait pas, un beau matin, avant même qu'il ne franchît le seuil de sa chambre, il entendit, via les ondes radiophoniques, l'information selon laquelle un grave accident était survenu à quelques kilomètres du village et qu'une femme y aurait perdu la vie ; une autre, coincée dans le véhicule, serait entre la vie et la mort. Cette accablante nouvelle heurta rudement son cœur déjà meurtri. Vautré dans son lit, il imaginait le chagrin que les proches des deux victimes allaient endurer. Puis, pris d'une tristesse épouvantable, mêlée de colère, de haine et de dégoût, il se leva et partit s'installer seul sous l'arbre à palabres du village. Perplexe, il resta là sur un banc figé comme une roche. Pendant un long moment, il regardait inconsciemment et alternativement à gauche, puis à droite, comme s'il cherchait dans les parages une force libératrice. Il ressemblait à quelqu'un qui aurait assez vécu ou qui ne voudrait plus de la vie, mais dont la grande faucheuse ignorait l'existence ou lui refusait la faveur de le choisir. Sa vie semblait finir bien avant l'heure de sa mort. Et entre les deux, il poireautait ne sachant pas trop à quoi s'en tenir.

Ce même jour, peu avant la tombée de la nuit, les limiers, qui venaient d'ouvrir une enquête sur les causes de l'accident de la veille, débarquèrent à Félata. La quiétude du patelin fut momentanément perturbée par cette présence inhabituelle des forces de l'ordre. Certains villageois, très angoissés, couraient dans tous les sens pour se cacher derrière les cases, d'autres, pantois et hypnotisés, s'étonnaient face à ce spectacle inusité.

Les hommes du commandant Landing interrogeaient un à un les villageois qu'ils croisaient afin de trouver la piste qui les mènerait chez Abdoul. Une fois devant lui, ils lui intimèrent l'ordre de les suivre. Stupéfait, mais serein, Abdoul obtempéra sans opposer une quelconque résistance. Puis, ils disparurent avec lui à travers les sentiers tortueux par où ils étaient venus avant de prendre la route asphaltée menant à la brigade de gendarmerie.

Ces hommes en uniforme voulaient en savoir plus, car dans son lit d'hôpital, la seule rescapée de l'accident, aux prises avec un délire maladif, n'arrêtait pas de prononcer le nom d'Abdoul.

1

Le bonheur et les plaisirs charnels du mariage peuvent être inhibés si le profond désir d'enfanter bute régulièrement sur des tentatives infructueuses.

Quarante-cinq ans plus tôt...

Six heures et demie du matin à Dakar, la ville, à peine réveillée d'une longue nuit sans lune du mois d'octobre, était très calme. Au Nord-Ouest régnait un silence total, momentanément perturbé par le bruit d'un avion entamant ses manœuvres d'atterrissage sur la piste de l'aéroport Léopold Sédar Senghor. Dans les ruelles presque désertes, l'air frais de l'aube s'acharnait sur les rares promeneurs matinaux. Le soleil naissant dardait de faibles rayons, ôtant progressivement le drap sombre de l'obscurité nocturne qui enveloppait la cité. Dans cette paisible atmosphère, Nafi Sarr se réveilla plus tôt que d'habitude. Dans sa somptueuse maison située en face des deux voies de route goudronnée de la commune d'arrondissement Liberté VI, des douleurs persistantes au niveau de son bas-ventre ainsi que des crampes utérines lui avaient arraché le sommeil. Allongée sur le côté droit, les yeux encore fermés, les pensées troublées par une étrange sensation d'humidité, elle ressentait une sorte d'écoulement provenant de ses parties intimes. Refusant de sortir du lit, son corps abattu semblait être prisonnier d'une peur paralysante. Au bout d'un quart d'heure dans cette même position, elle se leva lentement et se dirigea vers les toilettes. Après vérification, elle s'aperçut que sa culotte était maculée de taches rouges. De toute évidence, c'était du sang. Elle releva la tête, les yeux rivés sur un coin du plafond, prit une grande bouffée d'air et s'assit de tout son poids sur la chaise anglaise. Aussitôt, un immense caillot, suivi d'un flot de sang s'échappa d'elle pour se mélanger à l'eau des toilettes. Meurtrie et déchirée, elle poussa un cri strident puis se mit à pleurer à chaudes larmes.

Surpris dans son sommeil par ce hurlement brusque et matinal, Ousmane Sow se réveilla, en sursaut, dans une confusion totale. Assis au milieu du lit, il tâta aveuglément la couverture à sa droite et remarqua l'absence de sa femme. Paniqué, il devina un malheur. D'un geste machinal, il s'empara de son premier vêtement à portée de main, l'enfila et se leva d'un bond. L'œil en éveil et l'oreille tendue, il s'assura de bien situer la provenance du cri avant de courir avec empressement rejoindre Nafi. Il la trouva triste, le visage assombri par l'excès de dégoût émanant de son cœur. Avant même de l'interroger, Ousmane soupçonna ce qui était arrivé. Ce genre de situation ne lui était pas étranger.

Depuis deux ans et demi, il la vivait d'une manière répétitive. Sa femme enchaînait fausse couche sur fausse couche, toujours aux environs de sa sixième semaine de grossesse. Les trois premières fois, il s'était empressé de l'accompagner à l'hôpital dès l'apparition des saignements. Mais, après l'habituel examen échographique, le gynécologue lui annonçait avec regret, l'absence d'activité cardiaque du fœtus. Ainsi, il retournait chez lui, très déçu, le cœur rempli d'amertume.

Encore ce petit matin-là, les larmes que Nafi essuyait ne le laissèrent guère indifférent. Il était affecté par le sentiment douloureux que l'on peut avoir en regardant, impuissant, la personne que l'on aime souffrir. Il ressentait de la peine et de l'empathie en voyant sa femme régulièrement envahie par la tristesse et le désarroi causés par tant d'espoirs anéantis.

Comme d'habitude, il refusa d'accepter le scénario d'une nouvelle fausse couche. Les espoirs étaient minces, mais il voulait absolument en avoir le cœur net. Malgré les symptômes similaires aux précédentes, il prit l'initiative de la conduire chez le médecin.

— Nafi prépare-toi, nous devons aller à l'hôpital, lui dit-il.

— À quoi cela sert-il d'y aller ? Tu sais bien ce qui est encore arrivé. Le médecin va nous répéter la même chanson et ce sera peine perdue, répondit Nafi.

Ousmane s'avança d'un pas, posa ses mains sur les épaules de sa femme et la regarda dans les yeux. Puis d'un air convaincu, il continua :

— Non Nafi ! Ne sois pas pessimiste ! Tout peut arriver dans la vie. Des miracles, on en voit tous les jours. Ça ne nous coûte rien d'aller vérifier.

Cette dernière phrase lui remonta le moral.

— Bon d'accord, je vais le faire pour toi, ajouta-t-elle.

Ils se préparèrent à la hâte puis quittèrent leur domicile. Une heure plus tard, ils étaient au parking du grand centre hospitalier Kanatec. À peine étaient-ils descendus de la voiture que leurs regards butèrent sur le spectacle désolant d'une mère en pleurs. Sa fille venait de perdre la vie en donnant la vie à des jumelles. Cet évènement triste ne semblait ni les surprendre ni affecter les autres passants. Leur impassibilité n'était pas due à un manque de sensibilité, mais simplement parce qu'ils voyaient tellement de cas similaires qu'à leurs yeux, ce n'était finalement qu'un épiphénomène. La première fois qu'elle avait mis les pieds dans cet hôpital, Nafi était tout émue par une situation pareille à celle à laquelle elle venait d'assister. À force d'en être témoin, tout le monde avait accepté inconsciemment ces atrocités qui jalonnent le quotidien de l'univers hospitalier. L'insalubrité, le défaut d'entregent et d'empathie du personnel soignant sautaient aux yeux. Rien, absolument rien, ne pouvait plus étonner, choquer ou attrister les habitués de cet hôpital.

Le couple chagriné prit les escaliers jusqu'au palier

menant à l'entrée de la salle d'attente du docteur Fall. Une dizaine de minutes s'étaient écoulées, avant que celui-ci ne les aperçût assis sur une sorte de canapé à deux places. Il fut un peu surpris de leur présence, car la prochaine visite de suivi pour Nafi était prévue dans deux mois. Néanmoins, il les accueillit immédiatement dans son bureau.

— Comment allez-vous ? leur demanda-t-il, avec un regard soupçonnant un malheur.

— Couci-couça, répondit Ousmane, un peu troublé.

— Qu'est-ce qui vous amène encore ? Est-ce la santé de madame ? demanda le docteur.

— Oui docteur, oui docteur, répéta Ousmane, les yeux ternis par la tristesse.

— Faites-la entrer dans la salle de consultation. J'arrive dans une minute.

Pendant ce temps, Nafi était plongée dans un silence interrogateur. Sa rancœur ne faisait que croître. « Qu'est-ce que j'ai fait au Bon Dieu pour mériter ces douleurs, cette torture morale ? Pourquoi moi et pas les autres ? Pourquoi la conception qui est pourtant un phénomène naturel, qui semble si simple aux autres, est si compliquée pour moi ? » se questionnait-elle désespérément.

Après quelques minutes, le docteur la surprit en pleine cogitation dans la salle. Sans perdre de temps, il lui tendit une camisole bleue en lui demandant de l'enfiler. Ensuite, il l'aida à s'allonger sur la table de consultation. Il prit son stéthoscope, le déplaça sur le ventre de la jeune dame pour écouter le cœur du bébé. Il tâta différents endroits en bougeant sa main. Au bout d'une minute, il se redressa d'un air mécontent, enleva les bouchons de ses oreilles. Il eut du mal à prononcer un mot, mais se força à confirmer, avec désolation et pour la quatrième fois, l'absence d'activité cardiaque du fœtus.

Cette nouvelle, pourtant attendue, déclencha chez Nafi une crise de larmes. Quant à Ousmane, il fut rudement affecté par cette calamité, aux allures de malédiction, qui s'acharnait sur eux. Pendant un instant, il resta immobile ne sachant pas le bout par lequel il prendrait cette infortune. Le cœur meurtri, le visage méditatif et l'index de sa main droite coincé entre ses dents, il méditait sur son impuissance à conditionner son destin. Il tentait en vain de maîtriser ses jambes qui ployaient sous le poids de la lourde nervosité qui avait pris d'assaut son corps.

Constatant le degré élevé du traumatisme dans lequel le couple était plongé, le médecin jugea plus prudent d'appeler un taxi. Il redoutait de les laisser conduire avec les facultés affaiblies. Il se disait qu'au volant, Ousmane pourrait, par imprudence, mettre non seulement leurs propres vies en péril, mais aussi celle d'autres usagers de la route.

Ainsi, le couple, complètement déchiré de chagrin, repartit de l'hôpital. Le chauffeur de taxi, très compatissant à leur douleur, les déposa devant l'entrée de leur demeure. Ousmane s'efforça de prendre Nafi dans ses bras pour la câliner, la consoler. Il voulut alléger sa peine en la couvrant de paroles douces, mais cette dernière s'esquiva et partit directement, à toute allure, dans leur chambre. Elle se laissa tomber de tout son poids dans le lit. Vautrée, elle sentait son cœur battre à bousculer ses côtes. Ses membres inférieurs, presque inertes, semblaient paralysés par son mal. Elle mordait et griffonnait l'oreiller de toute son énergie. On aurait dit qu'elle voulait le déchirer, s'y introduire afin d'oublier les soucis du moment. Ces gestes d'extériorisation de sa douleur morale durèrent presque toute la matinée. En début d'après-midi, épuisée, elle s'endormit pendant trois bonnes heures. Au réveil, elle sembla reprendre partiellement ses esprits. Le visage tuméfié, les yeux bouffis, elle portait toujours les stigmates d'un désarroi et d'une grande tristesse qu'elle s'efforçait de contenir et d'étouffer en silence.

La clarté et la douceur de la semaine suivante n'avaient pas amélioré son état. Au fil des jours, le doute et l'amertume avaient élu domicile dans son cœur et dépouillé ses muscles de toute leur substance. Elle mangeait peu, dormait beaucoup et avait cessé toutes ses activités. Elle restait, pendant de longues heures, enfermée dans sa chambre à méditer sur son sort. Chaque jour, une multitude d'idées aussi noires que saugrenues se bousculaient sans arrêt dans sa tête. Ainsi se questionnait-elle : « Devrais-je mettre fin à mes jours ? Devrais-je changer de ville ? ... » Mais, elle manquait de courage pour passer à l'acte. Il ne se passait pas une heure, même pas une minute, sans qu'un souvenir atroce, cuisant, un souvenir rongeur vînt hanter son esprit. Elle endurait le chagrin qui remuait en elle comme une bête mordante aux dents acérées, enfermée au fond de son âme. Malgré l'assistance que lui apportait son mari, elle se sentait esseulée et impuissante.

Un beau jour, pendant sa période de recueillement et de questionnement philosophique, de sa chambre, Nafi entendit des pas dans la cour de la maison. Comme son mari était déjà parti au travail, elle crut d'abord à la visite d'un voleur maladroit. Un peu effrayée, elle se leva, fit deux pas silencieux sur la pointe des pieds, jeta un coup d'œil au travers de la fenêtre et aperçut Alioune Diop au milieu de la maison en train de tournoyer sur lui-même. Ce monsieur était connu de tous les habitants du quartier. Ils l'appelaient le taré-du-village. Un sobriquet qu'il s'était fabriqué lui-même. C'était un ancien étudiant en philosophie qui, à force de discuter sur le sexe des anges, n'obéissait plus aux règles sociales. Il remettait tout en question. Finalement, il passait pour un farfelu, un bouffon. Tout le monde riait de lui, mais, paradoxalement, on aimait sa compagnie, car avec lui, personne ne s'ennuyait. Il était un individu controversé et imprévisible, mi-ange mi-démon, capable du meilleur comme du pire. Sa bouche pouvait aussi bien dire des insanités que des prophéties. Il avait l'apparence d'un fou, mais une certaine lucidité émanait de ses paroles. Il n'avait l'air de rien, s'occupait peu de son corps et de son accoutrement. Toujours malpropre et habillé en haillons, il ne portait jamais de chaussures. Sur tous les sujets, il avait son mot à dire, logique ou non, il s'en foutait. À des questions simples, il apportait des réponses philosophiques. Il était au courant de tout ce qui se passait dans le quartier. Quelques jours auparavant, du haut de sa fenêtre, il avait aperçu le taxi déposer le couple en provenance de l'hôpital. Depuis lors, il avait remarqué que Nafi ne sortait plus. Et, il avait décidé d'en savoir plus sur l'énigme qui planait autour de la disparition soudaine de Nafi.

L'homme jetait un regard interrogateur dans tous les sens, un regard qui semblait demander « y a-t-il quelqu'un dans la maison ? » Nafi qui suivait ses moindres gestes, fit subitement irruption dans la cour et s'adressa à lui avec énervement.

— Eh, que fais-tu chez moi ?

— Je te cherchais pour savoir comment tu te portais. Ça fait longtemps que...

— Sors de chez moi, et vite, poursuivit Nafi.

— Attention, peut-être que j'ai la solution à ton problème ! Souviens-toi de moi ! C'est moi qui t'avais conseillée d'aller voir Serigne Dembellé. Ta tante Fanta est la femme de mon grand frère. Elle est gentille. Je sais qu'elle t'estime beaucoup, c'est pourquoi je suis venu habiter ici, dans la même rue que toi pour te protéger.

— Je ne veux pas de ta protection encore moins de ta solution. Sors ! reprit Nafi avec dédain, tout en se dirigeant vers lui.

Pour éviter une gifle ou un geste violent de Nafi, le

taré-du-village marchait à reculons en répétant à voix haute :

— En période de crise ou en situation de détresse, l'individu à qui l'on doit penser, à qui l'on doit s'adresser est celui à côté de qui l'on se sent en sécurité, celui qui est capable de nous écouter, celui dont l'empathie envers nous a été prouvée dans le passé.

Il franchit le seuil de la porte, fila dans la rue et disparut aussi mystérieusement qu'il était venu.

Nafi ferma sèchement la porte derrière celui qu'elle prenait pour un énergumène. Elle resta tout de même pensive pendant un instant. La dernière phrase que l'homme aux habits déchirés lui avait lancée avait retenu son attention. « Peut-être il a raison », se dit-elle. L'homme était parti, mais ses derniers mots résonnaient encore dans la conscience de Nafi. « Devrais-je sortir de ma bulle ? Devrais-je partager ce que je ressens ? » S'interrogea-t-elle. Elle hésitait. Elle ne voulait pas en parler pour éviter de donner à ses détracteurs une arme qu'ils pourraient retourner contre elle et l'anéantir davantage. Par peur d'être le sujet de toutes les discussions et la risée des méchantes langues, elle aurait toujours préféré dissimuler ses peines et souffrir en silence. Mais, à force de ravaler ses douleurs et de s'enfermer dans le mutisme, elle sentait un malaise, une sorte de chagrin qui, sournoisement, rongeait son cœur. Elle était triste et anxieuse. La peur de suffoquer ou de s'étouffer par cette pression intérieure devenait de plus en plus un véritable supplice. Elle éprouvait le besoin de parler, de se confier, de partager sa peine et son angoisse avec quelqu'un. Le taré-du-village avait certainement raison. Elle venait de s'en convaincre. Parler, elle l'avait fait les fois précédentes, mais l'avait regretté par la suite. Elle avait appris à ses dépens qu'en temps de détresse, les gens faisaient mine de compatir à sa douleur, mais dès qu'elle leur tournait le dos, ils changeaient de visage et de discours. Ils étaient des langues de vipère spéculant à tout-va sur n'importe quel sujet y compris sur ses déboires. Mais, le silence non plus n'était plus la solution, elle en était convaincue. S'ouvrir, se confier à une personne en qui elle avait confiance était désormais nécessaire. Elle commença à y penser sérieusement. À peine avait-elle commencé à dérouler mentalement la liste de ses amies que son esprit s'arrêta sur Fanta. « Fanta peut jouer ce rôle », songea-t-elle. Puis, instinctivement, elle regagna rapidement sa chambre. Cette fois-ci, elle s'était décidée.

Le choix porté sur la personne de Fanta n'était pas fortuit. Depuis sa prime jeunesse, Nafi avait toujours eu une relation apaisée avec sa tante. Elle lui rendait visite régulièrement pendant les vacances scolaires qui étaient l'occasion de renouveler son attachement envers elle. Au fil du temps, une relation particulière de loyauté réciproque, d'amitié sans nuages, de cœur et d'âme, tendre et dévouée s'était établie entre elles. Et lorsque Nafi avait atteint la maturité, elles se racontaient tout, même les secrets les plus intimes. Malgré leur différence d'âge, il n'y avait pas de restriction dans le choix de leurs sujets de conversation.

C'était donc naturellement et en toute tranquillité d'esprit que Nafi supposa que la présence de Fanta lui serait bénéfique. Elle prit la décision de s'en ouvrir à elle ; elle qui l'avait toujours soutenue dans des moments difficiles de déprime. Clouée par son découragement et la confusion totale dans son esprit, elle entendit la porte de la maison s'ouvrir.

Ousmane Sow venait de rentrer du travail. Le silence assourdissant qui régnait dans la maison l'attrista. Il accéléra le pas pour rejoindre immédiatement Nafi dans la chambre.

— Bonjour, ma chérie, comment s'est passée ta journée ?

— Un peu stressée, mais ça va passer ?

— Ma chérie, je te comprends. Mais sache que je suis là. Dis-moi. As-tu besoin de quelque chose ?

La voix cassée, Nafi s'efforça de lui répondre avec la dernière énergie.

— Oui. Ousmane, je voudrais que tu appelles ma tante Fanta.

Ousmane, d'un air surpris, lança.

— En es-tu sûre ? Ne m'avais-tu pas promis que tu ne dirais plus rien à personne à propos de ta vie ou de ce qui pourrait t'arriver. Qu'est-ce qui t'a fait changer d'avis ?

— Ma tante n'est pas comme les autres. Elle sait garder un secret et elle pourrait peut-être m'aider grâce à son expérience. Seule, je suis en train de perdre la tête.

— D'accord, comme tu veux. Je vais l'appeler.

Maintenant, repose-toi. Je sens de la fatigue dans ton visage.

Sans ajouter mot, Nafi s'allongea à nouveau dans le lit et tira la couverture sur elle. Ousmane, tout en douceur lui fit un bisou sur le front et sortit aussitôt.

*
* *

Fanta était une femme brave et très active. Depuis quelques années, elle habitait dans la banlieue dakaroise, à plusieurs lieues du domicile conjugal de Nafi. Par amour, elle avait préféré quitter le luxe dans lequel elle baignait chez son papa pour rejoindre Kader Diop, son mari, dans une demeure assez modeste dans un des quartiers les plus défavorisés de Dakar. Un choix personnel qu'elle avait fait nonobstant le désaccord de ses parents.

Gorgui Sarr, le père de Fanta, avait fait toute sa carrière dans l'armée. Dès la sortie de son adolescence, il avait été enrôlé dans les forces de défense de la nation. Grâce à son courage et sa persévérance, il avait réussi à gravir plusieurs échelons jusqu'à se hisser au grade de colonel. Ce cursus long et tortueux avait fini par métamorphoser son comportement. Il était finalement devenu une sorte d'automate qui ne comprenait que les ordres. Cette déformation professionnelle avait fait tache d'huile dans sa famille où il faisait régner une discipline militaire. Ses enfants Ibrahima et Malick lui obéissaient au doigt et à l'œil. Dès qu'il mettait les pieds dans la maison, les deux garçons arrêtaient leur agitation pour se mettre à leurs devoirs. Autoritaire, il infligeait également ce même rythme de vie à sa femme.

La mère de Fanta était le fruit d'une éducation à l'ancienne qui voulait que la femme soit soumise. Dévouée, elle veillait jalousement à la préservation de son ménage en se pliant, sans condition, aux moindres caprices de son mari. Elle semblait avoir développé un sixième sens qui lui soufflait les désirs ou humeurs de son époux. Aussi incroyable que cela pût paraître, elle devinait les sentiments de son homme à travers le regard de ce dernier, sa démarche ou tout simplement son habillement. Elle savait par exemple que si monsieur portait un *thiaya* rouge, quelque chose ne tournait pas rond ; un *thiaya* blanc signifiait qu'il était de bonne humeur et un *thiaya* vert qu'il aurait besoin d'elle la nuit... Cette remarquable intuition était gage de la stabilité de leur relation conjugale.

Ainsi donc, Gorgui Sarr imposait son rythme de vie à toute la famille et même aux voisins... Il ne tolérait d'impair que pour Fanta pour qui il éprouvait une profonde affection, sûrement due au fait qu'elle portait le même prénom que sa propre maman ou parce qu'elle était sa seule et unique fille. En tout cas, elle était la seule à pouvoir, de temps à autre, déroger aux règles sans en subir les conséquences immédiates.

Gorgui Sarr n'avait d'estime que pour ces jeunes biens élevés, éveillés et fonceurs qui se disputent les premières places aux différents concours nationaux.

Envers les autres, il affichait un visage dur et apeurant. Il ne tolérait surtout pas les garçons qui prétendaient s'intéresser à l'unique fille que la providence lui avait donnée. Il les traitait de briseurs d'avenir, de trafiquants de conscience. Sous aucun prétexte, il ne les recevait. Quand il en éconduisait un, il ne pouvait s'empêcher de murmurer : « Espèce de vaurien. Dans notre société, les filles sont exposées à la tortuosité de ces types d'hommes. Ils les détournent, en les entrainant dans des amours platoniques, mais une fois qu'une grossesse survient, ils n'assument pas leurs responsabilités. Ils sont la cause principale du décrochage scolaire des jeunes filles. Je ne laisserai personne s'approcher de ma fille. »

Ainsi, le père de Fanta veillait au grain. Il barricadait en permanence sa maison et surveillait les moindres entrées et sorties. Cette vigilance de chien de garde lui avait valu, dans le quartier, le sobriquet moqueur de Pa-Allemand pour faire référence à la fermeté et la rigueur spartiate des Germaniques.

Rêvant de hisser sa fille parmi l'élite, il ne ménageait aucun effort pour lui offrir un encadrement de qualité et un environnement propice à son épanouissement. À deux ans de la retraite, il jugeait que l'aboutissement des études de Fanta était le seul vrai défi qu'il lui restait à relever. Et, pour accomplir cet ultime rêve, non seulement il se donnait corps et âme, mais également investissait temps et argent.

Pendant des années, Pa-Allemand pensait détenir la clé de réussite de sa fille. Il était comblé par les bons résultats scolaires qu'elle lui apportait. Par sa détermination, il pensait avoir éteint tout regard masculin braqué sur sa fille, car il ne voyait plus aucun garçon venir la voir.

Maintenant, avec l'esprit tranquille, Pa-Allemand menait une vie bien rangée, moins rythmée ; ses occupations professionnelles étaient de plus en plus réduites. Désormais, comme la plupart des vieux retraités, il utilisait son temps libre pour fréquenter plus assidûment la mosquée du coin. Il ne ratait la prière de Maghrib que lorsqu'il était malade ou en voyage. Chaque jour, à la tombée de la nuit, il s'y rendait en toute discrétion pour renouveler sa foi en l'islam et son adoration à Dieu. Aussitôt après, il rentrait chez lui où sa femme l'attendait pour le diner. Mais ce soir-là ne fut pas comme les autres. En remettant les pieds dans la maison, il remarqua un silence inhabituel. Avançant vers la véranda, il vit sa femme assise sur un banc, les yeux rivés par terre, la tête en étau entre ses deux mains. Prise de honte comme si elle avait commis une ignominie, elle évitait tout contact visuel avec son mari. L'atmosphère était angoissante. Pa-Allemand devina que quelque chose ne tournait pas rond. Néanmoins, il garda son calme. Arrivé devant elle, il lui demanda :

— Que s'est-il passé ? Es-tu malade ? Eh, tu m'inquiètes là.

— Non, lui répondit sa femme, les yeux embués de larmes.

— Dis-moi ce qui se passe. Tu ne peux pas te comporter comme ça, fit Pa-Allemand.

— C'est Fanta, répondit-elle.

— Quoi ? Fanta ? Qu'est-ce qu'elle a ma fille ? Où est-elle ? s'empressa-t-il de demander, tout inquiet.

— Elle est dans sa chambre. Elle vient de m'annoncer qu'elle est en état de grossesse. C'est Kader…

— Quoi ? Kader ? Quel Kader ?

Sur le coup, Pa-Allemand resta figé, sans voix, comme si la phrase que sa femme venait de prononcer l'avait déconnecté de la réalité pour le transporter dans un monde chimérique. Puis, progressivement, il reprit ses esprits. Il saisit, à travers les explications tronquées de sa femme, que l'auteur de cette grossesse n'était personne d'autre que Kader Diop. Ce nom l'avait frappé.

Kader était un jeune menuisier qui s'était pris d'amour pour Fanta. À deux reprises, il s'était fait renvoyer lorsqu'il venait la voir. Lisant la haine et le dédain sur le visage de Pa-Allemand et écœuré d'être toujours traité comme un malpropre, il se résolut de ne plus mettre les pieds chez eux. Cependant, il n'était pas prêt de s'avouer vaincu. Simplement, il se rendit à l'évidence que pour faire triompher son amour, il lui fallait changer de stratégie.

L'atelier de Kader se trouvait à proximité du lycée. C'était donc pour lui une opportunité de rencontrer Fanta. Nourrissant un amour fou pour la fille, il ne se gênait pas. Chaque jour, à la fin des cours, il l'interceptait. Il l'accompagnait sur une bonne distance lui chantant à chaque pas son amour envers elle tout en l'invitant à faire un détour chez lui. Même s'il n'avait pas de réponse favorable, il ne se lassait pas, guettant comme un fauve face à sa proie, les moindres signes de faiblesse chez la fille.

Fanta dissimulait ses sentiments. En réalité, chaque fois que Kader lui tenait la main, ses battements cardiaques s'accéléraient, mais elle éprouvait une peur d'avouer son amour. Ne pouvant dire ni oui ni non, elle était face à un dilemme inextricable. Une voix intérieure l'incitait à se jeter dans les bras de son séducteur tandis que sa conscience lui dictait d'honorer la confiance que son père avait placée en elle.

Après plusieurs jours d'hésitation et de résistance contre ses sentiments, Fanta céda à la dictature de son cœur. Désormais, les deux tourtereaux pouvaient prendre du bon temps en profitant, tant bien que mal, de l'intimité que leur offrait la modeste chambre de Kader. Ainsi, pendant des mois, ils se fréquentaient à l'insu des parents. Finalement, ces nombreuses rencontres avaient malheureusement abouti à cette grossesse non désirée.

Durant les jours qui avaient suivi l'annonce de cette nouvelle inattendue, Pa-Allemand était dans une colère aveugle. Il promit qu'il empoisonnerait la vie de Kader. Mais, après quelques jours de réflexion et grâce aux conseils des proches, il se résigna. Dans son esprit se déroulait en boucle ce raisonnement préventif : « Certes, Fanta m'a mis dans une situation difficile. Je me sens offensé, mais je dois maîtriser ma colère. Si je le tue, je me retrouverai derrière les barreaux et ma famille finira en lambeaux. Comme on dit en wolof *sou ndox tuuroo, am bàq mo fa dess[1]*. Je laisse tout entre les mains de Dieu. Toute la faute est imputable à Fanta. Je ne lui pardonnerai jamais… C'est fini entre nous. » Cependant, même si sa furie s'était dissipée, son chagrin refusait toujours de quitter son cœur meurtri. Ainsi il avala malgré lui cette couleuvre amère qu'il ne parvint jamais à digérer.

Ce fut donc ces circonstances particulières qui contraignirent Fanta à mettre fin à ses études. Elle ne pouvait pas combiner cette grossesse prématurée survenue en classe de terminale et la préparation des examens. Sachant qu'elle ne pouvait pas non plus compter sur des parents déçus et fâchés, elle décida tout bonnement d'assumer son choix. Neuf mois plus tard, elle accoucha d'un garçon et son mariage avec Kader fut célébré. Depuis lors, elle avait pris son courage à deux mains et se débrouillait tant bien que mal pour joindre les deux bouts.

Les années avaient passé. Maintenant, Fanta vivait avec Kader et leurs deux enfants dans un environnement financièrement austère. Mais, bien que faisant face quotidiennement à des difficultés, elle gardait la même énergie et la même vigueur, certainement entretenues par l'amour réciproque qui régnait dans son foyer. Consciente que l'union de leurs cœurs était la solution pour dulcifier leurs contraintes économiques, elle n'arrêtait pas de chanter des paroles douces à Kader. Malgré l'opulence de ses parents, elle

---

1. Quand l'eau est renversée par terre, on se contente du sable mouillé

était loin d'être dépendante d'eux. Ses besoins, qu'elle avait d'ailleurs réduits au minimum, étaient comblés grâce aux multiples activités lucratives qu'elle menait. D'une grande bonté de cœur et d'une générosité sans limites, elle était toujours prête à aider ses amis et voisins mal pris. Gentille, aimable, elle ne s'en lassait jamais. Le soutien qu'elle apportait aux autres était sa source de satisfaction, et le plaisir qu'elle apercevait dans leur visage, une récompense inestimable pour elle.

Dans le quartier, Fanta avait la confiance de la presque totalité des femmes. Elle gérait, de mains de maître, le poste de trésorière de l'association féminine. Mais, malgré son honnêteté et sa saine gestion des fonds, elle venait de commettre une maladresse qui troublait son esprit.

Il y a deux semaines, le président de leur club de football l'avait sollicitée pour un problème d'argent pressant. Il avait promis de lui rembourser la dette le plus tôt possible. Depuis ce jour, elle ne l'avait plus revu. Ce dernier avait disparu, et volontairement ou non, il n'était pas revenu à la date prévue pour le remboursement. Il n'avait pas non plus fait signe de vie pour la rassurer. Et voilà ! Maintenant l'assemblée générale des femmes était imminente ; elle devait procéder à la reddition des comptes sans les sous à sa disposition.

Chaque fois qu'elle se retrouvait seule, des regrets surgissaient dans le tréfonds de son être sous la forme d'un monologue silencieux : « Pourquoi avoir prêté de l'argent qui ne m'appartient pas ? Je voulais certes aider, mais ce n'était point prudent. La vie nous réserve souvent des surprises. CHEU-TE-TE-TE, on ne peut plus faire confiance aux gens. Nombreux sont ceux qui ne respectent pas ce qu'ils vous promettent. En voulant trop aider, des individus véreux abusent de votre générosité. Mais avec le temps, on apprend. Regarde. Bien que je n'y sois pour rien, je risque de payer cher les pots cassés. »

On n'était plus qu'à une journée de cette date fatidique et Fanta se demandait ce qu'elle allait dire à ses braves camarades. La veille, elle avait fini d'appeler, en vain, toutes ses connaissances pour emprunter la somme requise d'un million de francs CFA. Son inquiétude ne faisait que grandir. Durant toute la nuit, ses pensées agitées l'avaient empêché de fermer l'œil. Au petit matin, elle resta non seulement épuisée, mais profondément consternée par ce risque d'être discréditée qui planait au-dessus d'elle. Au fur et à mesure que l'heure avançait, la crainte de voir sa réputation entachée s'amplifiait.

Ce jour-là, la pression était montée d'un cran. Ne sachant plus quoi faire, elle prit une chaise et s'installa devant la porte de la véranda. Confuse comme si elle faisait face à un monstre prêt à la dévorer, elle essayait en vain de remettre de l'ordre dans ses idées. Pendant qu'elle agençait dans son esprit ses prochaines activités de la journée, ses pensées furent interrompues par la sonnerie vibrante de son téléphone. Elle décrocha vite dans l'espoir d'entendre une voix salvatrice qui viendrait la tirer d'affaire. Mais, contre toutes ses attentes, c'était Ousmane Sow, la voix un peu cassée.

— Salut, Fanta, comment vas-tu ?

Fanta, intimidée par l'appel surprenant, tenta de se lever, mais retomba sur la chaise comme si elle avait perdu momentanément l'usage de ses jambes avant de répondre :

— Bien Ousmane… et toi ?

— On rend grâce à Dieu. Je t'appelle de la part de Nafi, enchaîna Ousmane.

— Nafi ? S'interrogea Fanta.

— Oui… Elle veut que tu passes à la maison. Tu sais, elle vient de subir encore une fois, une autre interruption précoce de grossesse.

— Oh là là. Qu'est-ce que tu racontes là ?

— Oui, c'est la triste réalité. Je comprends que tu sois surprise, mais c'est la vérité. Bon je te laisse, c'était juste pour t'en informer.

— OK, je tâcherai de passer le plus vite possible.

La conversation fut brève. Fanta raccrocha sèchement le téléphone. Puis, elle se prit la tête en marmonnant le fameux proverbe « un malheur n'arrive jamais seul ». Comme si ses difficultés financières ne suffisaient pas, son cœur venait d'être heurté rudement par cette mauvaise nouvelle. Aussitôt, elle oublia tous ses tracas financiers et se mit à imaginer la profonde douleur qui minait la bonne humeur naturelle de sa nièce. Elle sentit l'obligation morale d'y aller, la consoler afin d'alléger sa souffrance. Une autre paire de manches imprévue qu'il fallait intégrer dans son agenda du lendemain.

L'hivernage battait son plein. Depuis une semaine, d'abondantes pluies s'étaient abattues sur la ville de Dakar et ses environs. Le département de Pikine n'était pas en reste. Les inondations, problème récurrent, non résolu par les gouvernements qui s'étaient succédé au pouvoir durant ces dernières années, avaient refait surface. Dans la presse, il ne se passait pas un jour sans qu'on y lût des reportages sur les sinistres occasionnés par les intempéries. Les eaux avaient fait des dégâts partout. La maison de Fanta n'était pas épargnée. Voilà une semaine qu'elle était aux prises avec les eaux stagnantes dans sa cour, ce qui rendait ses déplacements particulièrement difficiles.

Malgré une nuit pluvieuse, le soleil, comme à l'accoutumée, n'avait pas raté son rendez-vous. Déjà, il pointait ses rayons qui parvenaient dans la chambre de Fanta par les trous d'aération de sa fenêtre. Ce qui la réveilla. Elle regarda sa montre qui lui indiqua huit heures et demie. Elle se leva, prit une douche rapide et enfila les habits qu'elle avait repassés la veille. Puis, après s'être empressée de prendre son petit déjeuner, elle rentra dans sa cuisine, en ressortit avec un panier et quitta la maison par la porte de derrière qui menait vers l'arrêt du bus. Dans la rue, elle accélérait ses pas tout en espérant que les nuages, qui s'amoncelaient dans le ciel assombri, n'allaient pas se transformer en pluie avant son retour. Elle dépassa le premier coin de rue, mais au deuxième, une bagarre matinale entre deux jeunes retint son attention. L'un était apparemment malmené, mais elle décida de ne pas intervenir soupçonnant un guet-apens. Lors de la dernière réunion de l'association des femmes du quartier, une de ses amies lui avait raconté une histoire malheureuse qui lui était arrivée alors qu'elle voulait aider dans des circonstances pareilles. Les agresseurs avaient utilisé ce subterfuge pour l'attirer. Ils faisaient semblant de se battre, et quand elle était intervenue pour les séparer, ils s'étaient unis pour lui faire les poches. Cette histoire lui revint en tête et elle continua son chemin sans crier gare jusqu'à l'arrêt où elle attendit l'arrivée du bus. Elle refusa de prendre le premier car-rapide qui se pointa. Visiblement, ce véhicule n'avait pas de bons freins. On voyait l'apprenti avec une petite brique en ciment qu'il s'empressait de poser devant la roue, chaque fois que le chauffeur ralentissait, pour assurer un arrêt total. Un spectacle inédit, captivant et dangereux. Pourtant non loin, un policier chargé de veiller à la sécurité routière faisait les cent pas. La scène qu'il voyait lui semblait si naturelle qu'il ne trouvait rien à y déplorer. On aurait dit que ces chauffeurs avaient signé des contrats tacites avec ces garants de l'ordre. Rien ne pouvait justifier la présence, sur les routes, des véhicules dont l'état de délabrement était aussi avancé. Visiblement, ce genre de voitures ne remplissait pas les conditions minimales pour pouvoir circuler. Mais le policier n'en disait rien. Était-ce par complicité ou lassitude, par indifférence ou par manque de professionnalisme ? C'était l'omerta autour de ces questions. Personne n'osait y répondre ouvertement de peur de s'attirer des ennuis. En tout cas, dans un pays où l'on se soucie de la sécurité routière, il semble évident que de tels dangers ambulants devraient tout bonnement être bannis.

Fanta attendit encore une dizaine de minutes avant de prendre le car rapide suivant qui, bien que vieux, semblait être dans un meilleur état. Cependant, il était plein. Les places assises étaient toutes occupées, les passagers qu'il prenait en chemin étaient obligés de se tenir debout et de s'entasser dans le véhicule comme des sardines dans leurs boites. En guise de réponse à ceux qui se plaignaient de cette situation, l'apprenti leur disait, non sans humour : « *Car-rapide du fees, diongama dou màgget* » c'est-à-dire « Un car-rapide n'est jamais trop plein, une belle femme n'est jamais trop vieille ». Une phrase toute bête et illogique, mais qui faisait rire tout le monde.

À l'approche du marché, le car-rapide avait retrouvé une charge plus ou moins normale. Beaucoup de passagers étaient descendus en cours de route. À l'arrêt qui précédait celui du marché, trois jeunes, visiblement dans la vingtaine, entrèrent dans le car-rapide. Puis, comme s'ils s'étaient passé le mot, ils ciblèrent une fille. Sans gêne, ils lui demandèrent au vu et au su de tous, son sac à main et son téléphone portable. La fille leur opposa un niet ambigu qui cachait mal sa frousse. Ils tentèrent de lui arracher le sac de force, mais elle s'y opposa timidement. Celui qui passait pour le plus apeurant, de par son accoutrement et ses balafres sur le front, sortit un long couteau effrayant, bien acéré et au bout très pointu qu'il brandit. Ce geste terrifiant créa l'émoi et la stupéfaction de tous les passagers qui retinrent leur souffle. Une femme, se couvrant les yeux avec les deux mains pour fuir la réalité devant elle, cria « Oh donne-lui, donne-lui, sinon il va te tuer ». La jeune fille abdiqua spontanément. Et, sur-le-champ, les trois bandits, par des acrobaties spectaculaires, descendirent du car-rapide pour prendre la poudre d'escampette. Les respirations, qui étaient comme suspendues, reprirent dans le car-rapide. Les discussions allaient bon train autour de l'évènement qui venait de se produire sous les yeux ébahis des passagers. Certains étaient d'accord avec la fille, d'autres soutenaient qu'il ne fallait pas céder, parce que de tels actes encourageaient les malfaiteurs à persévérer dans leurs mauvaises actions. Et quand un passager interpella l'apprenti qu'il accusa d'être un complice des agresseurs, ce dernier avoua qu'il les reconnaissait, mais qu'il n'osait rien faire, car ils se croisaient souvent et qu'ils pourraient lui faire la peau si jamais il les dénonçait.

Fanta descendit enfin à l'arrêt du marché Thiaroye de Pikine. Il y avait du monde. On aurait dit que toutes les femmes s'y étaient donné rendez-vous à cette heure de la matinée. L'endroit était à la fois malpropre, désordonné et bruyant. Les étals, installés pêle-mêle au goût des vendeurs, laissaient peu d'espace aux acheteurs qui se faufilaient tant bien que mal entre les tables. Les vendeurs mettaient leurs cordes vocales à contribution pour faire la publicité de leurs produits. Pour appâter davantage de clients, ils scandaient à tue-tête des expressions humoristiques et mielleuses, dont la beauté rivalisait avec celles des grands chanteurs du pays.

Fanta qui remplissait cette tâche quotidiennement n'eut pas beaucoup de mal à parcourir l'ensemble de ses marchands favoris et d'accomplir sa corvée. À peine un quart d'heure, elle ressortit du marché avec un lourd panier porté sur la tête. Sous le soleil ardent, elle marchait en tentant en vain d'essuyer, par sa main gauche, la sueur abondante qui ruisselait sur son front. Puis, dans cette rue bondée de monde, elle longea avec difficulté le trottoir, en évitant à chaque pas de buter sur les passants qu'elle croisait. Au coin de la rue, elle s'arrêta pour prendre le prochain car-rapide afin de retourner chez elle. Une fois à l'intérieur, elle vit Rama Fall, une de ses voisines de quartier qui était aussi sur le chemin du retour après avoir fait ses courses. Dès que leurs regards se croisèrent, Rama la salua :

— Comment vas-tu Fanta ?

— Ça va bien. Comment vont les enfants ?

— Ils se portent bien. Es-tu prête pour l'assemblée des femmes ?

— Oui oui, seulement, je dois aller à Liberté VI pour voir Nafi. Après quoi, je viendrai.

— C'est vrai. Nafi, comment va-t-elle. Je ne l'ai pas vue, il y a belle lurette.

Cette question eut l'effet d'une onde de choc sur la sensibilité de Fanta. Soudain, elle sentit un fort besoin de partager le secret de l'avortement de sa nièce afin d'atténuer sa souffrance. Cependant elle était réticente et hésitante. Elle craignait qu'une fois sortie, la nouvelle atteignît des frontières insoupçonnées grâce au téléphone arabe. Mais l'envie d'adoucir sa peine était si pressante qu'elle finit par prendre le dessus. Elle se rappela une idée qu'un de ses enseignants avait émise dans des circonstances pareilles : « Ce n'est pas seulement par méchanceté ou par désir de vilipender quelqu'un qu'on se décide à dévoiler un secret le concernant. Lorsqu'une confidence devient très lourde à porter et tend à nous conduire vers la démence, il devient tout à fait légitime de la partager avec des personnes de confiance. On n'a plus le choix. » Ne pouvant plus garder davantage la confidence qui démangeait son esprit, elle vendit la mèche :

— Elle est là. Tu sais, malheureusement, elle est encore victime d'une fausse couche.

— Oh, mon Dieu ! On dirait une malédiction qui la poursuit. Elle doit être fatiguée. C'est la troisième fois, si ma mémoire est bonne. Tu lui diras toute ma compassion.

— D'accord, je n'y manquerai pas.

— Bien des choses à toute ta famille

— Merci, à plus tard.

Les deux femmes débarquèrent ensuite au même arrêt puis se séparèrent pour regagner leurs foyers respectifs.

Fanta regarda sa montre et se rendit compte qu'il était déjà dix heures. Elle devait préparer le repas, se rendre chez Nafi et le soir, assurer sa présence à l'assemblée des femmes du quartier. Elle trouva le temps très court pour effectuer toutes ses activités. Elle décida alors de travailler avec une célérité inhabituelle. Mais, lorsqu'elle finit d'éplucher tous les légumes, au moment de mettre le feu pour entamer la cuisson, son esprit s'arrêta net sur Nafi. Elle imagina la tristesse que cette dernière devait vivre à ce moment-là. D'un coup, elle sentit les battements de son cœur s'accélérer. Elle ne pouvait plus attendre. Elle se leva d'un bond et abandonna tout. Elle appela sa domestique à qui elle confia exceptionnellement la préparation du repas. Elle prit sa douche, mit son grand boubou et, sans prendre le temps de se maquiller, ressortit de la maison. Dans la rue, elle héla le premier taxi qu'elle aperçut, y monta pour aller chez Nafi.

Le chauffeur de taxi, un jeune homme dans la vingtaine avancée, rompu à la tâche, était très loquace. Dix minutes après leur départ, il n'arrêtait pas de papoter, alors que Fanta n'avait pas prononcé un seul mot. Il finit par se rendre compte que quelque chose ne tournait pas rond. Le silence de sa cliente était intrigant. Déconcerté, il eut l'impression que ce qu'il racontait n'était pas plus intéressant que le mutisme. Il comprit enfin que même si beaucoup de patrons recommandent à leurs employés de parler et d'être ouverts envers les clients, il arrive quelquefois que les circonstances et le bon sens leur dictent la meilleure attitude à adopter. Dans son cas, faute de réponse venant de sa passagère, il était contraint de se taire.

Fanta était abattue et déprimée par cette malchance qui s'acharnait sur sa nièce. Profondément affligée par la tristesse et le chagrin, elle dissimulait difficilement la vague de détresse dans laquelle elle nageait. Pendant tout le trajet, elle cherchait dans son esprit, mais ne trouvait pas, les mots d'apaisement qu'elle utiliserait une fois devant son adorable nièce. Elle trouvait ridicule de devoir répéter, pour la quatrième fois, les mêmes paroles de consolation. Et au bout d'une trentaine de minutes, le taxi la déposa devant la maison.

D'un pas ferme, Fanta rentra dans la concession. L'atmosphère qu'elle y trouva était calme, un silence de mort y régnait. Elle avança jusque devant la chambre où se trouvait Nafi. À travers le rideau transparent, elle l'aperçut, la mine triste et les yeux embués de larmes. Dès qu'elle eut franchi le seuil de la porte, leurs regards se croisèrent et, automatiquement, elles se mirent à pleurer comme si le geste était télécommandé. Elles se jetèrent dans les bras l'une de l'autre, s'enlacèrent fortement et versèrent de chaudes larmes sans dire un mot pendant quelques minutes, avant de se calmer subitement. Elles tentèrent de maîtriser leur peine, mais leur morale croupissait sous le poids d'un déchirement insoutenable.

Fanta ressortit immédiatement de la chambre et monta au premier étage pour voir Ousmane Sow. Mais, lorsqu'elle jeta un coup d'œil à travers la vitre du bureau de ce dernier, elle se rendit compte qu'il était occupé. Il était encore là, enfermé avec ses partenaires d'affaires, venus tôt le matin. Ne voulant pas les déranger, elle partit s'installer au salon et attendit patiemment la fin de leur réunion.

Fanta était troublée par ce malheureux évènement. Assise sur le canapé, elle cogitait en silence. Sa quiétude intérieure était rudement secouée par des souvenirs épars qui voltigeaient dans une sorte de brume, disparaissant et réapparaissant dans son esprit comme des fantômes. Elle tentait désespérément de les saisir, les ordonner et d'en faire des recoupements pour découvrir une logique qui pourrait expliquer toutes ces déconvenues. Au bout d'une demi-heure, elle sembla y parvenir. Elle commença à se remémorer certaines déceptions amoureuses que Nafi avait vécues avant son mariage et dont la cause était, selon les voyants, un amant invisible. Cette mystérieuse créature semait régulièrement le doute et la confusion dans la tête de sa nièce, ce qui la faisait repousser, sans raison, tous ses prétendants. Fanta méditait sur ces évènements paranormaux qui avaient jalonné la vie de Nafi quand elle était célibataire. Les images revenaient dans son esprit comme si elle les voyait en direct sur un écran de télévision. Mais, en plus de ce qu'elle visionnait mentalement, la vie antérieure de Nafi, loin d'être un long fleuve tranquille, était parsemée d'embûches et rythmée d'étonnants rebondissements.

2

Jouer avec le feu n'est pas plus dangereux que jouer avec les
sentiments, car dans les deux cas la moindre erreur peut être
fatale.

Saint-Louis, belle région au passé colonial chargé,
située au nord du Sénégal, a vu naître et grandir
Nafi Sarr. La vieille ville, plus connue sous son nom
wolof *Ndar*, faisait partie des quatre communes de la
métropole. Ce statut conférait à ses natifs des privilèges
particuliers. En plus d'avoir les mêmes droits que toute
la population sénégalaise, ils étaient considérés comme
citoyens français. Dans le système colonial de l'époque
où la règle était « diviser pour mieux régner », il n'était
pas rare de voir des frères ou cousins bénéficier de
statuts administratifs différents, car n'étant pas nés
dans la même région.

Ce magnifique coin du Sénégal est favorisé par la
nature à bien des égards. Il déborde de potentialités
touristiques parmi lesquelles : le parc du Djoudj ou
paradis des oiseaux, la réserve de Gueumbeul, le parc

45

de la langue de Barbarie... Cette pléthore de sites touristiques explique qu'à longueur d'année, on y croise des visiteurs venant des quatre coins de la planète. La région regorge également de symboles qui rappellent des étapes importantes de l'histoire du pays. Dans la panoplie de ces signes historiques, le pont Faidherbe – qui porte le nom d'un célèbre ancien gouverneur français – est sans doute le plus perceptible. Cette œuvre architecturale coloniale relie le quartier Sor à l'île de Saint-Louis. Du matin au soir, on y observe un défilé frénétique de gens issus des différentes ethnies et cultures du terroir.

Dans la conscience collective, *Ndar* renvoie à des particularités telles que la bonne éducation, surtout coranique de ses natifs, la douceur et la sensualité de ses femmes, l'hospitalité et la convivialité de ses hommes, le savoir-faire culinaire avéré surtout pour le plat national *thiébou dieun*... Bref, le savoir-être de ses habitants est unanimement reconnu.

Les femmes de *Ndar* suscitent l'admiration. En plus de leur beauté presque angélique, elles sont charmantes. Qu'elles portent des robes, de simples *ndoket* ou même des *maam-bóoy*, elles restent élégantes et gracieuses. Il y a quelque chose de magique dans leur regard, peut être un don de la providence, quelque chose de spécial qui irradie le cœur des hommes et y fait naître spontanément un sentiment mitigé, voire inqualifiable, oscillant entre amour, affection et estime. À les voir se déhancher, on est impressionné aussi bien par leur carrure que par leur allure. Elles ont, toutes, une démarche synchronisée avec l'écoulement du temps ; leurs pas ni trop vites, ni trop lents, avançant sans bruit, au rythme des secondes d'une horloge. Les femmes de Saint-Louis ont un génie inégalé dans l'art de prendre soin d'un homme. Ce qui fascine chez elles, c'est leur assurance, la conscience qu'elles ont de leurs atouts. L'on dit de ces femmes qu'elles ont une parfaite maîtrise des astuces pour enrayer de la tête de leurs partenaires la faculté de raisonner. Quand elles vous tiennent, leurs demandes telles des ordres n'obtiennent que des réponses favorables. Ces femmes vous réduisent en nourrissons, dissipent vos soucis, et balayent tout ce qui peut faire obstacle à votre épanouissement. Aux hommes entre leurs mains, elles font vivre le paradis sur terre.

Une fois à *Ndar*, on ne peut quitter la ville sans être atteint d'une nostalgie inassouvissable. On ne s'en éloigne ni sans regret ni sans le vœu secret d'être un jour aux bons soins d'une Saint-louisienne. Ces comportements caractéristiques des habitants de la région semblent héréditaires. De tout temps, ils sont restés constants, chaque génération les transmettant intégralement à la suivante.

Toutes ces distinctions élogieuses placent Saint-Louis parmi les plus attrayantes contrées du pays. L'on dit que tout fonctionnaire affecté à cet endroit ne le quittera pas sans être séduit par une beauté.

Ibrahima Sarr, le père de Nafi, n'avait pas dérogé à la règle. Jeune fonctionnaire, il fut affecté par le ministère de l'Éducation nationale à Saint Louis. Après y avoir séjourné pendant quelques jours, il tomba sous le charme naturel et captivant de Fabienne Chaupin.

Fabienne était une mulâtresse d'une beauté sans pareille. La finesse de ses traits corporels, sa vitalité naturelle et son apparence raffinée faisaient d'elle une vraie merveille de la nature. Sa rencontre avec Ibrahima et la rapidité de leur union mirent fin à l'intense rivalité des hommes qui tournoyaient infatigablement autour d'elle à la manière des planètes autour du soleil. Très vite, elle devint l'épouse de monsieur Sarr.

Le mariage porta rapidement ses fruits. Après à peine une dizaine de mois de vie commune, la famille s'était agrandie avec la venue au monde de Nafi. Puis, les printemps suivants verront les naissances des deux autres enfants Aïssata et Mamadou.

Seulement, après quelques années de bons et loyaux services, Ibrahima fut promu inspecteur régional à Dakar. Certes, le poste était gratifiant et valorisant, mais il nécessitait de quitter la région. Dans un premier temps, il décida de décliner l'offre. Bien installé à Saint-Louis, il craignait de perturber la stabilité familiale. Les enfants étaient heureux. Ils s'épanouissaient dans un environnement équilibré de loisirs, d'études et de sport. Mamadou traversait une adolescence sans histoire. Il trouvait son bonheur dans la pratique du football avec l'équipe du quartier avec laquelle il disputait le championnat populaire des *navétanes*. Talentueux, il était la coqueluche des jeunes filles. Aïssata était encore dans les petites classes. Quant à Nafi, elle entamait le lycée avec d'excellents résultats scolaires. Très impliquée socialement, elle avait développé un vaste réseau d'amis. Un déménagement sur Dakar signifierait une rupture avec toutes ses routines bien ancrées, une séparation avec toutes ses connaissances. À n'en point douter, cela impacterait sur la vie des enfants.

Pendant les jours qui avaient suivi la réception de la lettre d'affectation, Ibrahima hésita longuement. Puis, sur conseils de Fabienne, il céda aux prérogatives alléchantes liées au rang d'inspecteur régional. Néanmoins, son attachement à la vie dans la localité était tellement fort qu'il ne voulut pas déménager brusquement. Il décida d'y laisser sa petite famille et de se livrer à des pérégrinations hebdomadaires entre la capitale sénégalaise et la région du nord.

*

* *

À l'inspection régionale de Dakar, Sarah était la secrétaire d'Ibrahima. Jeune célibataire, visiblement dans la trentaine, elle était belle et courtoise. Mais bien qu'elle fût une de ces femmes disposant de tous les atouts corporels pour susciter la convoitise des hommes, la vie semblait lui refuser le plaisir d'une réussite sentimentale. Après plusieurs échecs amoureux, elle s'était finalement résignée, remettant toutes ses déceptions sur le dos du destin. « Nul ne peut échapper à son destin » avait-elle l'habitude de se dire. Sur le plan social, son statut était bien enviable. Pendant que plusieurs femmes de son âge poursuivaient quotidiennement et désespérément le diable pour le tirer par la queue, elle se réjouissait d'une certaine indépendance. Elle bénéficiait d'une voiture pour ses déplacements et d'un bel appartement au centre-ville de Dakar. Elle assumait pleinement son autonomie. Elle pouvait recevoir chez elle, des amies, des amants ou des parents sans avoir de compte à rendre à quelqu'un et sans se soucier des rumeurs de voisinage ou des mauvaises langues.

Après seulement quelques jours, la proximité aidant, elle tomba très vite sous le charme d'Ibrahima. Vu que celui-ci vivait seul à Dakar, elle trouvait la situation très favorable. Son intuition lui disait qu'elle avait de réelles chances de capturer le cœur de son patron. Attentive à ses moindres besoins, elle s'empressait à les satisfaire avec zèle et amour. Sa douceur et sa grande disponibilité envers lui étaient frappantes. Elle contrôlait ses faits et gestes qu'elle s'efforçait d'ajuster au goût d'Ibrahima pour lui faire plaisir. Avec délicatesse, elle lui parlait et une oreille attentive, elle prêtait toujours à ses moindres préoccupations. Accueillant à cœur joie tout ce qu'il disait, elle lui manifestait son bonheur d'être avec lui par un large sourire laissant apparaître de belles dents blanches. Sans mot dire, elle se comportait d'une manière à lui faire comprendre implicitement que tous ses désirs étaient des ordres.

Avec ses tenues en vogue taillées sur mesure par les plus grands stylistes de Dakar et son parfum envoûtant, Sarah commençait à semer la confusion dans la tranquillité habituelle d'Ibrahima. Chaque fois qu'il la voyait, une sensation de bonheur le pénétrait jusqu'au plus profond de ses entrailles. Il ne comprenait pas les mutations sentimentales qui s'opéraient dans son cœur. Ses impressions mitigées ressemblaient de plus en plus à de l'amour envers sa propre secrétaire. Jour après jour, ce sentiment de faiblesse qu'il ressentait envers la fille n'arrêtait pas de croître et avait fini par le priver de sommeil. La femme l'attirait, mais l'effrayait également, car il était déjà marié. Désormais, il vivait avec une crainte indicible. Ce genre de frayeur, qu'aurait ressentie un oiseau perché sur la branche d'un arbre au-dessus duquel plane un épervier. De temps à autre, il marmonnait : « Comment peut-on être marié, avoir des enfants et redevenir amoureux d'une autre femme ? Mon amour envers ma femme est pourtant bien réel. Je l'aime. Oui j'en suis sûr. Mais, il me semble que j'aime aussi Sarah. Son image me suit partout, en tout temps. C'est assez sérieux. Plus qu'une attirance physique, c'est de l'amour. J'en suis sûr. Qui a dit qu'un cœur ne peut pas aimer deux personnes à la fois ? Eh bien ! C'est faux, j'en suis une preuve vivante. Ou bien, soit j'ai deux cœurs, soit j'ai un cœur avec deux poches remplies d'amour chacune, car j'aime ma femme et j'aime aussi Sarah. Mais, c'est impossible, j'ai signé la monogamie et promis fidélité à mon épouse. Il faut bien que je résiste, que je dissimule, que je détruise ces sentiments naissants. »

La lumière qui illumine le cœur est aussi celle qui irradie le visage. Cela veut dire qu'une joie ressentie au cœur se manifeste sur le visage. Il est très difficile de la dissimuler si on est face à la personne qui nous la procure.

Sarah constatait les signes d'affection et d'égard venant d'Ibrahima Sarr. Elle percevait à travers le comportement de son patron l'embarras et le doute, mais prenait son mal en patience. Elle attendait avec assurance le jour des aveux qui tardait à venir. Pour le provoquer, elle ne ratait aucune fin de semaine sans l'inviter de manière voilée. Chaque vendredi, de façon désintéressée, elle lançait en quittant son bureau l'après-midi :

— Monsieur Sarr, passe le week-end à Dakar. La distance est trop longue, tu seras fatigué.

— Oui, c'est vrai, mais les enfants me manquent, répondait Ibrahima.

— Mais au moins, repose-toi une semaine sur deux. Moi, je pourrais t'offrir mon hospitalité.

— Oui, c'est bien gentil, mais je suis déjà habitué à faire le trajet, poursuivait Ibrahima Sarr.

Sur cet échange devenu récurrent, ils se quittaient pour se revoir le lundi matin.

*
* *

La date d'anniversaire de Sarah arrivait à grands pas. Elle tenait fortement à ce que son patron fût présent à la fête. Depuis un mois, elle lui avait donné une invitation et lui rappelait régulièrement l'évènement. C'était pour elle, une occasion unique et surtout un subterfuge pour accéder à lui. Elle redoublait de confiance surtout lorsque les paroles d'un de ses oncles lui revenaient à l'esprit. Ce dernier avait l'habitude de dire en parlant de l'ingéniosité féminine : « Quand une femme veut appâter un homme, quand elle lui tend son hameçon, c'est rare que ce dernier résiste au désir ardent d'y mordre. Les femmes ont ce secret et en sont très conscientes. Dans les registres de l'histoire, il est relaté de nombreux cas d'hommes, aussi grands les uns que les autres, qui ont eu à faillir à leurs principes les plus ancrés devant l'ingéniosité féminine. Les trappes de la femme aveuglent l'homme, l'enivrent et abaissent ses facultés cognitives. Leurs pièges sont si attirants et saisissants, qu'ils donnent l'illusion d'être sans danger. Dans bien des cas, l'homme se plaît à y plonger les pieds consciemment espérant s'en sortir à sa guise. Mais, une fois dans les mailles de leurs filets, il est à leur merci. Il peut s'en sortir indemne comme il peut y rester prisonnier, car c'est en ce moment qu'elles révèlent leur véritable pouvoir. »

Vendredi, le dernier jour de travail avant l'anniversaire arriva. Ibrahima Sarr, les pensées déjà à Saint-Louis, hésitait encore à répondre favorablement à l'invitation de sa secrétaire. Mais le déclic arriva vers midi. Sarah, qui s'apprêtait à partir, décida de faire un détour au bureau de son chef. Monsieur Sarr l'accueillit avec un large sourire et l'invita à prendre place. Sur le visage radieux de la fille, il devina l'objet de la visite, mais avant même qu'il ne prononçât un mot, Sarah enchaîna :

— Monsieur Sarr, je voulais juste te rappeler mon anniversaire, demain.

— Oui, mais…

— Monsieur Sarr, pas de, MAIS s'il te plaît. Dites, seulement OUI. Faites ça pour moi, supplia-t-elle.

Ibrahima Sarr hocha la tête. Après un brin d'hésitation, il acquiesça de la tête puis lança :

— D'accord, ce que femme veut… répondit Ibrahima en souriant.

— Dieu le veut, compléta Sarah.

Puis il enchaîna.

— Ce n'est pas simple. Écoute, je passerai, mais je ne vais pas durer, car j'aurai un long trajet à faire juste après.

Sarah, les yeux luisants de joie, apprécia la réponse.

— Merci. Tu partiras quand tu voudras. Ta présence m'honorera. Je veux juste prouver à mes amis que j'ai le meilleur patron, le flatta-t-elle.

— Sans faute, demain dès que j'aurai fini mes dossiers, je te rejoindrai à la fête.

— D'accord, merci, monsieur Sarr, porte-toi bien. Et à demain.

Elle ferma la porte, fit quelques pas de danse pour manifester son bonheur d'avoir enfin réussi son premier coup de maître.

Chose promise, chose faite. Le samedi, en fin de journée, Ibrahima se rendit chez Sarah qui l'accueillit avec une chaude accolade et l'installa confortablement dans un fauteuil du salon au milieu des autres invités. La satisfaction se lisait sur son visage. « Enfin... un pas de franchi. Il faut maintenant le retenir le plus longtemps possible », pensa-t-elle. Les autres hôtes attablés sur l'étendue de la terrasse où se déroulait la fête conversaient sur divers sujets d'actualité. La lumière bleue tamisée, dont le jeu accompagnait merveilleusement la douce musique, ajoutait une note de romantisme à l'ambiance. La fête battait son plein. De temps à autre un couple se levait pour esquisser quelques pas de danse autour d'une table bien ornée sur laquelle reposait un énorme gâteau. Ibrahima Sarr regarda sa montre. Il était tard. Il voulut partir, mais Sarah le pria d'attendre le service.

— Il faut manger avant de partir, lui avait-elle lancé.

Ibrahima patienta encore pendant deux tours d'horloge.

Dès qu'il eut fini de manger, il regarda à nouveau sa montre qui affichait minuit. Il s'empressa de se lever pour partir. Mais, Sarah qui gardait toujours un œil sur lui vint l'intercepter.

— Qu'est-ce que tu veux faire mon cher patron ? lui demanda-t-elle.

— Je vais demander la route, répondit-il.

Cette situation était prévue dans le plan de Sarah. Son stratagème consistait à servir les repas tardivement pour avoir une raison de retenir subtilement Ibrahima à Dakar. Sachant que sa stratégie fonctionnait à merveille, elle reprit :

— Je suis désolée du retard. Notre restaurateur a déconné cette fois-ci.

— Ça ne fait rien. Mais, maintenant je vais devoir partir, répondit Ibrahima.

Sarah avança d'un pas pour s'approcher davantage de son boss. Elle se plaça devant lui pour le regarder dans les yeux avec un charme captivant. Puis, d'un ton audacieux, elle lança.

— Non, je ne te laisserai pas partir. C'est tard et tu dois être fatigué. Attends demain. C'est risqué de faire une si longue distance à une heure aussi tardive.

— Non, je n'ai même pas avisé ma famille, fit Ibrahima.

Sarah, emportée par un désir incontrôlable, n'eut pas la sérénité de se retenir. Avec une voix pleine de douceur, elle enchaîna :

— Ce n'est pas grave, appelle-les tout de suite. C'est mieux que tu restes avec moi.

— Là, je suis vraiment perturbé. Laisse-moi y réfléchir, reprit Ibrahima.

Après une brève hésitation, il sortit dans la rue pour s'éloigner de la musique et des bruits pouvant éveiller les soupçons de sa femme. Il appuya sur les touches de son téléphone et appela son épouse.

— Allô oui, fit Fabienne, apeurée de l'appel si tardif.

— Oui, c'est Ibrahima. Comment ça va ?

— Ça va. Que se passe-t-il ? S'inquiéta-t-elle.

— Un petit contretemps. J'ai voulu finir mon excès de travail, mais je n'ai pas pu…

— On s'apprêtait à dormir. Les enfants s'impatientaient. D'habitude tu viens plus tôt.

— Dis-leur que je vais rester aujourd'hui, car j'ai une rencontre demain matin, dit-il.

— D'accord chéri, prends soin de toi, fit Fabienne.

— Merci et bonne nuit, conclut Ibrahima.

Il raccrocha avec désolation. Sa fierté fut atteinte par les mensonges inhabituels qu'il venait de servir à sa femme. Quant à Sarah, elle jubilait de voir son plan fonctionner à merveille. Elle venait de réaliser un premier objectif : celui de retenir son hôte.

La soirée se poursuivait dans la joie et l'allégresse. La musique cubaine avait remué tout le monde. Elle était, on ne peut plus, entrainante. Même s'il commençait à se faire tard, les couples ne manquaient pas de vitalité. Ils tournaient dans tous les sens suivant avec la même ardeur sur un rythme endiablé. Minuit avait sonné, mais personne n'y avait prêté la moindre attention. Ça ne pouvait en être autrement. « Quand on est en bonne compagnie, on sent moins le temps qui passe. » Ibrahima pensa à prendre congé de Sarah pour rejoindre son appartement où il passait d'habitude ses nuits pendant les jours de semaine. Mais, une certaine peur lui parcourait les veines. Ces derniers temps, la ville de Dakar était frappée par une flambée de violence. L'insécurité y avait refait surface. Malgré les efforts des forces de l'ordre, les agressions et les vols à main armée sévissaient et hantaient le sommeil des gens. Chaque jour, la presse faisait état d'altercations nocturnes entre honnêtes citoyens et bandits qui souvent finissaient mal. Les meurtriers et agresseurs agissaient sans pitié, usant de couteaux, de gourdins… pour intimider, blesser ou même tuer. Ils ravissaient tout sur leur passage, même les automobilistes n'étaient pas épargnés. Ibrahima, en se remémorant de ces faits malheureux, eut un sentiment d'inquiétude. Il voulait partir, mais craignait les rues de la capitale à pareille heure. « Que vais-je raconter à Fabienne si je me fais agresser à pareille heure ? » se demandait-il. Il s'en voulait aux autorités en murmurant : « Les mauvaises politiques de jeunesse et l'accaparement des biens par une élite sont la cause de ce cataclysme social. Au lieu de trouver une solution au chômage des jeunes, ils préfèrent les distraire par des *thiants*, des séries télévisées ou l'usage de l'alcool et de la drogue. Ces colmatages ne peuvent qu'accoucher de petits monstres, des criminels et bandits de grand chemin capables des pires atrocités. Maintenant notre existence est dominée par la peur. Nul n'est épargné. »

Une vague de questionnements s'agitait dans son esprit lorsque Sarah se pointa à nouveau devant lui.

— Sarah, je vais devoir partir, lui dit-il sans conviction.

— Pourquoi, la fête n'est pas encore terminée, répondit-elle.

— Je sais, mais il se fait tard et je dois voyager demain.

— S'il te plaît. Reste encore un peu. Je garde le meilleur pour la fin, dit-elle avec un sourire charmeur.

Cette fois la douce voix de Sarah atteignit le cœur d'Ibrahima. Il sentit un frisson lui parcourir le corps. Et il finit par céder à ce démon en lui, friand de plaisirs mondains, qui semblait lui promettre une nuit mémorable s'il acceptait l'invitation de Sarah.

— Bon d'accord, tu as gagné. Je vais rester lança-t-il.

Quand tous les convives furent rentrés, Sarah réaménagea son grand appartement où elle invita son hôte. L'appartement était bien entretenu. Elle entra dans les toilettes pour défaire son maquillage et ses autres artifices de séduction. Pendant ce temps, Ibrahima, impressionné par les meubles de valeurs, murmurait : « Comment une simple secrétaire pouvait se permettre un tel luxe ? D'où puisait-elle autant d'argent pour maintenir un train de vie aussi élevé ? Faisait-elle partie de ces filles de Dakar, émancipées et autonomes, aux mœurs légères, tant décriées dans les médias et que les femmes mariées redoutent tant, détestent tant, les traitant de voleuses de maris ? Ces jeunes dames, souvent divorcées ou vieilles filles, belles, modernes et gracieuses qui occupent des appartements huppés dans la capitale et dont la stratégie de survie consiste à collectionner des amants.

Appelées *mbaranneuses*, elles pensent que les poches des hommes sont des guichets automatiques. Elles parviennent à en soutirer des sous moyennant des paroles douces et mielleuses, des caresses et autres astuces pouvant brouiller le cerveau de l'homme le plus cartésien. Celles-là qui ne repoussent les avances d'aucun homme sur qui elles gardent le moindre espoir d'arracher ne serait-ce que le prix d'un café. Elles ont leur calendrier d'audiences qu'elles maintiennent à jour à longueur de semaine. Gare à l'homme qui débarque à une heure qui ne lui est pas réservée. Aux plus généreux, elles réservent les plus beaux accueils. Sarah est sûrement dans cette catégorie, mais il faut qu'elle se détrompe, car je ne m'emporterai pas dans son jeu. »

Effectivement, la somptuosité du logis pouvait pousser n'importe qui à penser que Sarah était une de ces *mbaranneuses* invétérées. Ibrahima scrutait les murs tapissés de photos et jalonnés de tableaux d'art. Il venait de découvrir un autre pan de la vie de sa charmante secrétaire. Il était gêné de demander, mais de multiples questions lui brûlaient les lèvres. Il se limita à lancer un simple compliment :

— Sarah, ton appartement est vraiment très joli.

— Merci, je m'en occupe comme je peux, répondit Sarah.

— Tu dois avoir un secret pour pouvoir acheter toutes ces choses.

— Tu sais Ibrahima, mes parents sont riches et ils me soutiennent beaucoup. Ils n'ont jamais voulu que je manque de quoi que ce soit. Je n'ai pratiquement rien acheté de tout cela. Ce sont des cadeaux. Tu sais avec nos maigres salaires, je ne pourrais jamais entretenir un tel logement…

Puis elle rajouta tout en souriant.

— À moins d'être une *mbaranneuse*.

— Ben oui ! En toute sincérité, je commençais à te soupçonner. Tu sais maintenant, c'est difficile de séparer le bon grain de l'ivraie. Les garçons comme les filles ont tellement bafoué les valeurs léguées par nos ancêtres.

— Je suis loin de ces pratiques. C'est pourquoi je veux un mari sérieux qui m'aime pour mettre fin aux suspicions. Je suis sûre que tu n'es pas le seul à vouloir me faire porter cette casquette.

Elle avança jusque devant Ibrahima et lui dit en le regardant dans les yeux.

— Ibrahima, je t'aime. Depuis que je t'ai vu, j'ai l'impression d'avoir enfin trouvé mon âme sœur. Je sais que tu es un homme marié, mais, malgré tout, mon cœur t'a choisi. Je t'aime.

Ibrahima était gêné. Pris de court, il cherchait ses mots pour répondre. Mais, Sarah ne lui laissa pas ce temps. Elle lui prit le visage comme on tiendrait un melon d'eau et l'embrassa longuement et chaleureusement sur la bouche. Quand elle voulut lâcher, Ibrahima, enivré par l'atmosphère romantique agrémentée par l'odeur de l'encens, l'enveloppa fortement dans ces bras. Le contact électrisant de leur corps dissipa la gêne entre eux. Puis, ils avancèrent ensemble, serrés comme s'ils formaient une seule personne, jusque dans la chambre à coucher avant de se laisser aller dans le matelas moelleux pour le restant de la nuit.

Cette première fois était suffisante pour briser la glace. Depuis ce jour, Ibrahima passait quasiment un week-end sur deux à Dakar. Sarah jouait son va-tout. Elle espérait qu'un jour, Ibrahima déciderait enfin d'officialiser leur relation. Mais, Ibrahima se culpabilisait chaque fois qu'il dormait avec elle. En tant que musulman, l'adultère qu'il commettait faisait partie des péchés les plus abominables. Certes, sa religion lui offrait la possibilité de prendre une deuxième femme. Mais, rien qu'à y penser, il avait la chair de poule. Il avait tellement lu et entendu d'horribles histoires entre coépouses que cette idée ne lui traversait même pas la tête. À longueur d'année, on pouvait voir à la une des médias, entre autres : « Elles se sont poignardées, elles se sont brûlées, elle a intoxiqué l'enfant de l'autre… » Ce qui n'était qu'une partie des actes malheureux, mais courants pouvant empoisonner le quotidien des couples polygames. Il éprouvait un amour réel envers Sarah, mais le jugeait impossible. Il doutait. D'une part, il était gêné par la double vie qu'il menait et les péchés charnels qu'il commettait par amour pour Sarah et d'autre part, il redoutait la polygamie qui pourrait pourrir sa vie de famille. Tel un boxeur mis KO, il était impuissant et désorienté. Au travail comme à la maison, son esprit s'évadait souvent dans un raisonnement culpabilisant et il murmurait : « Je suis non seulement irresponsable, mais indigne de confiance. Je ne mérite même pas ma femme. Je ne suis qu'un vulgaire traître. » Le sentiment de culpabilité qui l'assiégeait ne faisait que grandir de jour en jour. « Je dois arrêter à tout prix ma relation avec Sarah. Certes, je vais me faire violence, mais je dois y parvenir. Je ferai venir ma famille à Dakar pour me protéger contre cette diablesse de secrétaire. »

Au bout d'un combat acharné contre ses propres sentiments, Ibrahima Sarr finit par se décider. Il prétexta que les déplacements fréquents sur Saint-louis lui prenaient trop de temps et d'énergie. Il acheta alors une maison à Dakar et fit déménager sa femme et ses enfants. Il parvint ainsi à mettre un terme à sa relation avec Sarah. Cependant leur aventure était loin de connaître son épilogue. En effet, sa décision brusque et irréversible avait mis Sarah dans un état de dépression profonde. Elle ne venait plus au travail et végétait chez elle en silence. Cette énième déception était celle de trop. Celle qu'elle ne pouvait pas supporter. Elle avait honte d'elle, car elle avait le sentiment d'être comme un citron que les hommes jetaient chaque fois qu'ils finissaient de le presser et de le vider de sa substance. Ne pouvant plus répondre à ces questions existentielles et trouvant la vie cruellement jalouse de son bonheur, elle finit par se donner la mort.

Quand Ibrahima Sarr apprit le suicide de Sarah, il en fut rudement affecté. Il ignorait la cause profonde de ce geste, mais craignait que sa décision en fût, un tant soit peu, le catalyseur. Il se sentait coupable. Il savait que la séparation était douloureuse, mais n'avait jamais imaginé qu'elle allait susciter, en plus du deuil de leur relation, celui de Sarah. Il regrettait. « J'aurais dû agir autrement, être plus doux, moins direct… Oh si c'était à refaire… » Dans sa vague d'interrogations, et d'inquiétudes, il pensa à sa propre fille Nafi. Un jour, un sage africain, un de ces illuminés connus pour leur don de prémonition, lui avait demandé de faire attention aux femmes. Dans l'envol de ses pensées, il se rappela les paroles de ce vieux savant : « Tout ce que tu leur feras en bien ou en mal se retournera contre tes filles. Traite-les bien si tu veux une famille heureuse, autrement tes filles vont souffrir de malchance et de malheurs durant toute leur vie ». Maintenant qu'il se savait impliqué indirectement dans la déchéance ayant provoqué le suicide de Sarah, il nourrissait une peur secrète. Il craignait pour la vie de sa fille, mais n'osait en parler à personne. Dans ses moments de solitude, il marmonnait pour se donner bonne conscience : « Mon intention n'était pas de précipiter sa mort. Je reconnais qu'elle ne se serait pas tuée si j'avais continué avec elle, mais cela aurait pu entrainer un dégât aussi grave si ma femme avait appris cette relation extra-conjugale. J'ai signé la monogamie donc je ne pouvais pas la prendre comme deuxième épouse non plus. Je n'avais vraiment pas le choix. Je reconnais ma part de responsabilité dans le geste final de Sarah, mais ce serait injuste que ma fille en paie les frais. Je veux le bien-être de Nafi. À cause de moi, elle risque de finir sa vie très malheureuse. Oh non. Ma fille n'a rien fait, elle ne doit pas payer pour mes actes. »

Ibrahima se sentait coupable d'avance de tout ce qui arriverait à sa fille. Cela le faisait souffrir énormément d'une peine qu'il ne pouvait partager avec ses proches. Ces angoisses dissimulées au plus profond de son être le rongeaient de jour en jour. En un laps de temps, il était devenu méconnaissable. Il mangeait peu, perdait du poids, et sa santé se détériorait lamentablement. Régulièrement il se rendait à l'hôpital pour faire soigner ses picotements cardiaques. Mais, malheureusement, à son cinquante-cinquième anniversaire, la maladie eut raison de lui. Cet évènement intervint exactement un an jour pour jour après le décès de Sarah.

*

* *

Cette histoire d'amour éclair, aux tournures d'un scénario d'un film hindou, avait précipité l'installation de la famille Sarr à Dakar. Le décès d'Ibrahima Sarr laissa un grand vide dans le cercle familial. Désormais, les enfants et leur maman Fabienne devaient affronter seuls leur destin. Consciente qu'entretenir une famille ne serait pas tâche facile, elle voulut retourner à Saint-Louis. Mais Nafi et son frère Mamadou s'y opposèrent. Elle décida, bon an, mal an de rester à la capitale sénégalaise par crainte de perturber la scolarité de ses enfants qui étaient déjà bien intégrés dans la vie dakaroise.

Nafi Sarr avait hérité de la beauté phosphorescente et magnétique de sa mère. De teint un peu plus foncé, elle avait la même chevelure longue, le même regard à la fois perçant et sensuel, le même sourire étincelant et quasiment la même démarche qu'elle. Bref, dans leur cas, l'expression « telle mère, telle fille » prenait tout son sens. Sa féminité et sa sensualité se révélaient en chacun de ses gestes, à chacune de ses paroles. Elle était non seulement belle, mais aussi intelligente. Brillante à l'école, elle comblait sa maman de bonheur par l'excellence de ses résultats.

Depuis son adolescence, elle n'avait cessé de fasciner les hommes de toutes les tranches d'âge. Ses atouts naturels, hérités de sa mère, généraient autour d'elle une sorte de champ magnétique qui attirait l'attention des hommes tel un aimant face à des métaux. Du regard, ces derniers l'épiaient, de la tête aux pieds, en s'arrêtant avec envie, sur chacune des parties de son corps. Ils cédaient à tous ses caprices, espérant qu'un jour, elle leur ouvrirait son cœur. À chaque occasion, ils rivalisaient d'anecdotes savoureuses, d'habillement de luxe et de tout autre artifice à la mode pour la séduire. Ceux qui avaient le privilège de l'accompagner dans des circonstances particulières affichaient un air de fierté devant les autres prétendants qui faisaient montre de jalousie.

Les amants ne manquaient jamais. Cependant, Nafi était incapable d'en garder un. La rupture intervenait chaque fois que la relation devenait sérieuse et que l'on commençait à parler de mariage. Concrétiser une relation, la faire aboutir au mariage, était pour elle, un casse-tête chinois. Elle voulait se marier, mais rejetait sans le vouloir et sans raison ses prétendants à la dernière minute. Par la suite, elle regrettait son geste. Elle ne se comprenait pas, car elle semblait être l'artisane de ses malheurs. Pendant des années, sa vie était rythmée par l'espoir de se marier, qui cédait régulièrement la place au désespoir de la séparation. Cela lui faisait de la peine. Son histoire avec Cheikh Dioum avait connu la même fin imprévisible.

Cheikh faisait partie de ces nombreux Sénégalais vivant en Italie appelés *modou-modou*. Malgré la distance, il entretenait avec Nafi une relation sérieuse. Dès le début, il avait décliné son intention ferme de s'unir avec elle dans les liens sacrés du mariage. Et comme pour renouveler son amour et combler le vide de la distance, il lui faisait parvenir régulièrement des cadeaux. Pendant deux bonnes années, ils communiquaient constamment grâce à la magie de l'internet. Mais, arrivé au Sénégal, Cheikh Dioum, qui croyait avoir gagné le pari d'avance, déchanta très vite en demandant la main de Nafi. Comme prévu, une semaine après son arrivée au Sénégal, il envoya le premier cadeau à sa dulcinée. Dans la coutume, ce présent était la façon pour un homme de déclarer officiellement qu'il voulait épouser une fille. Celle-ci avait le choix d'accepter ou non. Mais contre toute attente, deux jours plus tard, Nafi le lui retourna. Elle prétexta qu'elle n'était pas prête. Cheikh n'en revenait pas. Malgré son insistance, Nafi persista dans son « refus » et la relation se termina en queue de poisson.

Les histoires avec ses autres prétendants finissaient presque toutes de façon quasi similaire. Désormais, toutes ses camarades de même âge étaient mariées et avaient fondé leur foyer, mais elle continuait d'essuyer des échecs apparemment inexplicables. La situation devenait de plus en plus lourde à supporter dans une société qui valorisait davantage les femmes mariées. Célibataire à l'âge de trente-deux ans, elle redoutait fortement de finir vieille fille. Elle vivait dans la gêne et la honte de devoir affronter au quotidien le regard d'une société hypocrite qui certainement riait d'elle sous cape. Elle était obnubilée et traumatisée par son âge qu'elle comptait désormais au jour le jour. Comme la plupart des femmes dans cette situation de désespoir, Nafi Sarr allait de temps à autre voir les charlatans.

Depuis quelque temps, le charlatanisme avait pris une ampleur inquiétante à Dakar. En un temps très court, le nombre d'individus exerçant ce métier avait doublé, voire triplé. Certains venant de l'intérieur du pays, d'autres de la sous-région ouest-africaine. Conscients que le secteur est juteux pour qui sait exploiter la naïveté des gens, ils s'étaient déversés massivement dans la capitale pour faire fortune. Ces soi-disant illuminés, considérés par certains comme des demi-dieux, prétendent être capables d'influencer positivement les destins de leurs clients. Ces psychologues autodidactes sont réputés avoir la solution à tout grâce à leurs supposés pouvoirs surnaturels. Ils sont experts dans l'art de manipuler tout individu aveuglé par un besoin pressant, voire obsessionnel. Ils disent avoir le secret de pouvoir lire l'avenir sentimental ou matériel d'un couple qui bat de l'aile. Selon le cas, ces charlatans invétérés s'érigent en démiurges capables de conjurer le mauvais sort ou d'attirer la chance. Ils vous promettent maris, argent, santé, tout ce dont vous rêvez, pourvu que vous acceptiez de consentir les sacrifices exigés. Les femmes et certains hommes crédules constituent leurs proies de prédilection.

Après quelques tentatives infructueuses, Nafi avait fini par les considérer comme des imposteurs. Elle avait beau les fréquenter, elle n'avait récolté que des déceptions regrettables. Beaucoup de ces féticheurs étaient juste de faux dévots malhonnêtes et paresseux qui avaient épousé ce travail pour tromper les gens. Finalement, elle se résigna. Mais, un jour, une de ses amies vint lui parler d'un certain Serigne Kéemtaan, un impressionnant faiseur de miracles venant du Mali. Cet homme avait élu domicile à Guédiawaye où il soignerait beaucoup de maux. Elle était réticente, mais l'insistance de son amie la fit céder. Elle envisagea alors d'aller le voir.

C'est ainsi que le vendredi, après avoir bouclé sa dernière journée de travail de la semaine, elle décida de se rendre chez le charlatan Kéemtaan. La veille, elle en avait parlé à sa tante pour qu'elle l'accompagnât, mais cette dernière n'était pas disponible. Ne pouvant pas proroger la date qu'elle avait retenue, elle envisagea d'y aller seule. Vers dix-sept heures, elle rangea ses supports de cours dans son casier, somma ses élèves de nettoyer le tableau et sortit de la classe.

Dans la cour du lycée Blaise Diagne, l'ambiance était chaleureuse et fraternelle. Les plus jeunes élèves se taquinaient et couraient dans tous les sens.

Certains enseignants regroupés devant la direction s'interrogeaient sur la baisse du niveau des élèves, d'autres se lamentaient sur les promesses d'augmentation de salaire non tenues par le gouvernement. La poussière dans l'air rendait difficiles la respiration et la vue.

Dans cette atmosphère chaotique, Nafi, seule contre ses soucis, marchait, non sans difficulté, sur le sable mouvant sous le poids de ses espadrilles. Elle se frayait un passage en évitant les élèves qui, emportés par le jeu, butaient sur elle de temps à autre. Elle atteignit finalement la grande porte donnant sur le grand caniveau à ciel ouvert qui draine les eaux usées de Dakar pour les jeter à la mer.

L'extérieur du lycée était pavé, ce qui rendait la marche plus facile. Elle avança d'un pas feutré puis s'arrêta sur le trottoir afin de laisser passer les voitures qui venaient de sa gauche. À sa droite, elle vit un jeune homme sorti de l'école à toute vitesse se jeter sur la chaussée. Une voiture qui roulait à vive allure faillit l'écraser. Nafi, apeurée par la scène sous ses yeux, lança un cri de stupeur : « il est mort ! » Puis, elle se ressaisit, après s'être rendu compte que le garçon continuait sa course de l'autre côté de la rue. Il l'avait échappé belle. Elle reprit son souffle après un énorme ouf de soulagement et traversa la chaussée pour se mettre du côté des voitures se dirigeant vers Colobane. Elle aperçut un taxi qui passait sur la route transversale. Elle le héla à gorge déployée. Le taximan, un vieux aux cheveux gris, l'entendit et vint se pointer devant elle.

Après avoir abaissé la vitre, il lui dit :

— Bonjour, madame.

— Bonjour. Je veux que vous m'ameniez à Guédiawaye, fit Nafi.

— D'accord, c'est cinq mille francs, fit le vieux.

— C'est cher. Je peux payer trois mille francs, rétorqua Nafi qui fit deux pas en arrière.

— D'accord, tu peux monter.

Nafi ouvrit la portière et s'installa confortablement sur le siège arrière. Le vieux taximan appuya sur l'accélérateur. Contrairement à la plupart des jeunes chauffeurs, il était peu bavard. Son cure-dent coincé entre ses lèvres asséchées, il conduisait en écoutant les versets du Coran. Comme s'il s'agissait de son droit le plus absolu, il ne demanda pas l'avis de sa cliente. Visiblement, cet homme réservait peu d'importance aux préoccupations mondaines. Il semblait plongé dans une sorte de gymnastique mentale qu'il ne fallait interrompre pour aucune raison. En effet, il ne pouvait arrêter le film de sa vie qui se déroulait dans son esprit. Il faisait le bilan de ses réussites, mais aussi de ses échecs passés tout en craignant de songer à son avenir. Avenir qui, au vu de son âge, ne pouvait être que la mort et la vie dans l'au-delà. Malgré ce comportement un peu atypique, il gardait une grande lucidité au volant, témoignant de sa longue expérience dans le métier.

Le vieil homme s'estimait heureux de sa longévité, de la chance qu'il avait d'avoir assisté à l'enterrement de la plupart de ses amis, mais il était conscient également que son tour n'était plus loin. Maintenant qu'il était parmi les plus vieux de sa génération, l'idée d'un cortège funèbre autour de son propre cercueil le hantait et l'angoissait davantage. Il était attristé non pas par la solitude causée par l'absence de ses amis ou proches disparus, mais plutôt par le sens de sa propre existence dans un monde auquel il n'attachait plus beaucoup d'importance. Conscient qu'il allait le quitter incessamment, il était plus enclin à philosopher sur les questions métaphysiques du genre : que se passera-t-il après la mort ? Allons-nous ressusciter ? Y aura-t-il un jugement dernier ?

Comme tout autre croyant, malgré ces questionnements légitimes dus à la condition humaine, il était convaincu qu'il y aurait une vie après la mort, et sa paix dans cette future existence dépendrait des actes qu'il aura accomplis lors de son séjour sur terre. S'il laissait derrière lui de bonnes œuvres, le paradis serait sa demeure éternelle, et le contraire le conduirait inéluctablement en enfer.

Affaibli par l'âge, le vieux taximan pensait plus que jamais à l'au-delà. Manifestement, il avait décidé de consacrer le restant de ses jours à des actes de dévotion, gage d'éventuelles rétributions divines. Il se préparait au grand voyage inévitable et sans retour, priant en permanence le Bon Dieu d'absoudre ses péchés et de lui réserver un vaste espace au paradis après sa mort.

Le vieux taximan connaissait bien la ville. Il roulait vers le célèbre marché Colobane, tout en ignorant qu'à hauteur du rond-point, un immense embouteillage l'attendait. Les automobilistes étaient coincés dans ce tronçon à la suite d'une collision entre un taxi et un motocycliste. Il prit son mal en patience. Nafi en profitait pour scruter du regard l'atmosphère de Colobane, particulièrement chargée de poussière. Les voitures, au ralenti, dégageaient de leurs pots d'échappement une épaisse fumée noire visiblement très polluante. Une panoplie d'objets hétéroclites dont certains, très encombrants, donnaient l'image d'une ville dépourvue de politique environnementale. Des vendeurs ambulants, la sueur au front, susurraient à l'oreille des passants les vertus de leurs produits. Ils ne se décourageaient pas. Malgré le coucher du soleil qui s'installait progressivement, ils espéraient toujours le dernier client qui leur éviterait de rentrer bredouilles.

Nafi observait le défilé interminable de la foule qui se faufilait même entre les véhicules arrêtés. L'immobilité de la circulation routière lui offrait le même décor. Ne pouvant plus supporter l'attente dans cette chaleur infernale, elle jeta un léger cri d'agacement :

— Oh, mon Dieu, allons-nous un jour bouger d'ici ?

Cette réaction surprenante tira le vieux taximan de son long silence. Il tourna son regard vers elle avant de lancer :

— Ma fille, la patience aide à mieux vivre. Ne t'en fais pas, ça va se décanter. Il faut apprendre à danser au rythme des sonorités de la vie.

— Je suis pressée, car je risque d'être en retard, répondit Nafi.

— En retard, en retard… On n'est toujours dans

cette course contre le temps qu'on ne gagnera jamais.

— Oui, mais on n'a pas le choix parce qu'à chaque fois qu'on n'arrive pas à l'heure, on est sanctionné.

— Non, ce n'est pas une sanction. C'est juste que ce n'est pas ta chance.

— Ah bon, mais la patience a des limites.

— Tu sais ma fille, la vraie patience s'acquiert avec l'âge. Dieu dit dans le Coran qu'il est avec les patients et les endurants. Regarde tous ces marchands ambulants qui achalent les passants. Ils sont tout aussi pressés de vendre leurs produits, mais il faudra qu'ils patientent. On n'a pas toujours ce que l'on veut au moment où on le veut. La vie est difficile. Avec l'âge, tu apprendras que rien ne sert de se précipiter.

— Je comprends tout ça, mais c'est difficile de ne pas prendre compte du temps qui court.

— Absolument. Mais il faut être patient quand il le faut, car tout vient à point à celui qui sait attendre.

— Ça, c'est vrai. Donc je me calme. Mais il faut prier pour moi.

— Ne t'inquiète pas, tout ira bien, conclut le taximan avant de replonger dans son mutisme.

Ce petit dialogue requinqua la jeune dame. Et, après une trentaine de minutes, la circulation reprit de plus belle. Les deux véhicules venaient enfin d'être évacués par les services de la ville. Le vieux taximan se fraya un passage qui le mena directement sur l'autoroute. Sa prudence sur la route en disait long sur sa longue expérience. Il roulait sagement, respectant toutes les signalisations routières jusqu'à Guédiawaye où il la déposa à l'arrêt Double Less, du nom du célèbre champion de lutte des années 1980.

Nafi débarqua du taxi, marcha une dizaine de mètres et demanda au groupe d'enfants qui jouaient dans la rue, la maison de Kéemtaan. Ces derniers à l'unanimité désignèrent une maison de couleur jaunâtre un peu plus loin. La spontanéité et l'unanimité de la réponse prouvèrent la célébrité de l'homme. Célébrité qui redonna plus de confiance à Nafi qui entrevoyait là une solution à son problème. Après une centaine de mètres, elle mit les pieds dans la demeure et aperçut deux clients qui attendaient dans la cour. Elle les salua et prit place à leur côté, sans demander leur permission. L'un d'eux, d'un ton qui cachait mal sa générosité, lui expliqua qu'il y avait quelqu'un à l'intérieur et qu'elle serait la troisième à passer.

Nafi était la dernière cliente de la journée. Elle comprit alors qu'elle devait prendre son mal en patience jusqu'à son tour. Mais, après une heure d'attente, la lassitude commençait à prendre le dessus sur sa motivation. Il était tard, presque sept heures du soir. La lenteur des consultations sapait son moral. « Je ferai mieux de partir et de revenir demain », pensa-t-elle. Au moment où elle se décida à quitter les lieux, Kéemtaan l'appela. Elle se leva, croisa l'avant-dernière cliente qui sortait, puis rejoignit le sorcier dans son antichambre. L'homme était enthousiaste. Il semblait heureux de recevoir sa dernière cliente. Après les échanges de salutations, il enchaîna avec une rafale de questions toutes faites qu'il avait certainement l'habitude de poser à chacun de ses clients.

— Quel est ton problème ?

— Je ne comprends pas. Chaque fois que je suis avec un homme que j'aime, on se sépare sans que je ne comprenne pourquoi, fit Nafi.

— Est-ce que tu fais souvent des rêves qui te donnent l'impression de faire l'amour avec quelqu'un que tu connais ?

— Oui, ça m'arrive souvent et dès fois c'est avec un membre de ma famille. Après, au réveil, j'ai honte.

— Je vois, je sais ce que tu as. Je vais te soigner.

Après l'avoir écoutée attentivement pour s'enquérir des motifs de sa visite, il commença à mélanger des potions magiques, ensuite il lui demanda de rentrer dans la chambre, de se déshabiller et d'enduire tout son corps d'un liquide qu'il lui remit. Il lui expliqua que son problème était lié à un amant invisible. Cet être maléfique agit de la même façon avec toutes les jeunes filles en les séparant de leurs vrais prétendants par jalousie.

Nafi s'exécuta sans hésitation. Elle entra dans la chambre et se débarrassa de ses vêtements. Cinq minutes plus tard, le charlatan la retrouva dans la chambre et lui ordonna de s'allonger dans le lit tout en gardant les yeux fermés. Il lui expliqua qu'au bout d'un moment, elle entendrait des bruits, et sentirait peut-être des choses spéciales comme si quelqu'un tentait de lui faire l'amour. Dans tous les cas, il ne fallait pas ouvrir les yeux tant qu'elle n'aurait pas son aval. Elle obéit sans murmure. Il ressortit et après s'être assuré que Nafi était au lit, le charlatan rentra à nouveau silencieusement dans la chambre et ferma la porte à double tour. Il resta deux minutes à contempler la belle femme allongée dans le lit. Il secoua sa tête pour apprécier la peau lisse, le visage lumineux, les seins fermes pointant le toit, les jambes semi-ouvertes laissant apparaître le bout de son sexe, la bouche aux lèvres bien ourlées et les yeux toujours fermés. Il se déshabilla silencieusement et la trouva dans le lit. Quand elle sentit le corps de l'homme, elle considéra pendant quelques minutes qu'il s'agissait de ce que le charlatan lui expliquait. Mais au fur et à mesure, elle se rendait compte que ce qu'elle ressentait ressemblait de plus en plus à la réalité. Elle sentait des mains qui caressaient ses seins, une forme de pénis de plus en plus dur qui tentait de se loger entre ses cuisses, un corps chaud et lourd dont les battements du cœur se faisaient de plus en plus sentir. Elle sentit son corps dominé, fébrile et ouvrit instinctivement ses yeux. À sa grande surprise, elle s'aperçut que le charlatan lui-même était sur elle, prêt à amorcer ses coups de reins. Elle lança un cri strident que ce dernier réussit à étouffer avec un oreiller. Elle se débâtit de toutes ses forces et finit par se libérer de l'emprise du charlatan. Mais, ce dernier, toujours tenace et décidé à atteindre son objectif, ouvrit dans le feu de l'action, une bouteille contenant un liquide jaunâtre qu'il jeta sur Nafi. Et subitement, telle une hypnotisée, elle abandonna toute résistance et se laissa aller. Elle regagna du coup le lit et se mit complètement à la disposition de cet imposteur.

Tout embrouillée, l'esprit troublé, elle se fit violer bien malgré elle par cet homme.

Ce sacrifice n'avait rien changé et elle ne pouvait se pardonner une telle naïveté. Des mois après, elle ne comprenait toujours pas ce qui lui était arrivé. Ce n'était certainement pas par légèreté encore moins par une quelconque passion amoureuse. En tout cas, elle essuyait des larmes chaque fois qu'elle repensait à cet incident qu'elle n'avait raconté à personne d'autre à part sa tante Fanta. Elle était déchirée par une sorte de honte qui la rongeait et l'enfermait dans un mutisme coupable. De toute façon, avec son niveau d'instruction, peu de gens la croiraient susceptible d'être victime de tels agissements. Qu'elle ait pu avoir une relation sexuelle contre son gré sans avoir porté plainte serait simplement impossible à croire.

Après toutes ses tracasseries, le doute et le désespoir s'emparèrent d'elle. Elle considéra que ces sorciers étaient tous des vendeurs de rêves, mais en réalité, ils ne connaissaient rien. Elle n'y croyait plus et commençait sérieusement à envisager sa vie de vieille fille. C'est pendant ces moments de doute que le taré-du-village apparut pour la première fois dans sa vie. Un après-midi, il la trouva devant chez elle, l'air préoccupé par des pensées sombres. Il l'interpella :

— Eh ! Belle dame, ça va ?

Nafi releva la tête et fixa sévèrement l'homme aux haillons sans mot dire.

— Qu'est-ce qui t'arrive ? Continua le taré-du-village.

— Rien, fous-moi la paix ! Espèce de con ! Fit Nafi en colère.

— Sois plus gentille avec moi. Je sais que tu n'es pas heureuse. Je suis au courant de tout. J'ai un don que tu ignores. Je connais ton nom et puis….

— Menteur....

— Nafi écoute-moi bien, je t'ordonne d'aller voir Serigne Dembellé. C'est un célèbre voyant habitant à Fass-Mbao. Je te promets qu'il te soignera. Mes démons me guident. Salut !

Après avoir prononcé ces mots, le taré-du-village disparut comme il était venu. Nafi avait déjà entendu parler de Serigne Dembellé lors d'une conversation avec ses collègues. Ensuite, elle avait vu ses prestations lors d'une émission de télévision. Malgré le peu de crédibilité qu'elle semblait accorder aux dires du taré-du-village, sa conscience n'était plus tranquille. Elle se questionnait : « Pourquoi ce fou est venu me parler de mes problèmes ? Comment a-t-il su que je cherche à me faire soigner ? A-t-il un don malgré ses haillons et son attitude débile ? » Ne pouvant trouver de réponses à cette panoplie de questions, elle finit par conclure : « Comme l'habit ne fait pas le moine, ce fou peut bien avoir raison. Je vais tenter une dernière chance. »

Après une longue hésitation, elle décida de se rendre chez Serigne Dembellé dès le lendemain non sans être accompagnée de sa tante. Vers dix heures du matin, elles arrivèrent chez le sorcier. C'était un vieux visiblement modeste dans son accoutrement et discret dans sa démarche. Il portait un grand boubou bleu, un pantalon bouffant blanc et un bonnet carré rouge sur sa tête. Il les écouta attentivement pour s'enquérir du problème qui les a menées à lui. Ensuite, il prit deux bouteilles vides qu'il plaça à hauteur de ses yeux, telles des jumelles pour voir loin et commença à parler dans le vide dans un langage codé, totalement incompréhensible. C'était étonnant puisque dans la chambre où ils se trouvaient, l'on ne pouvait apercevoir aucun autre interlocuteur. « Alors, à qui s'adressait-il ? » se demandaient les deux femmes. Au bout d'une dizaine de minutes, il se retourna vers Nafi et lui dit :

— Nafi, cherche un poulet blanc au plus vite. Fais-le tuer. Ensuite, verse son sang à côté d'un marché. Si tu le fais, je t'assure que ton angoisse sera dissipée pour ne devenir qu'un mauvais souvenir. Tu verras qu'un dénommé Ousmane Sow viendra demander ta main. Je te conseille de l'accepter comme mari. Il t'apportera beaucoup d'amour et d'affection.

Les dames comprirent aussitôt qu'à travers les bouteilles, Serigne Dembellé rentrait en contact avec des créatures invisibles. Nafi répondit pieusement :

— D'accord Serigne Dembellé.

Le sorcier toujours dans un ton qui ne laissait apparaître le moindre doute poursuivit.

— Dès que le mariage sera célébré, reviens me voir. Il y a des choses que je ferai plus tard pour enrayer définitivement ton mal.

— D'accord, fit Nafi impressionnée par l'assurance de l'homme.

Et le sorcier de poursuivre avec insistance.

— Ta malédiction vient d'un acte ingrat que ton père avait commis de son vivant. Il avait trahi le cœur d'une femme. L'amant invisible de cette femme morte par chagrin d'amour, ne pouvant pas se venger de ton père décédé, a décidé de s'en prendre à toi.

— Mais, moi je n'y suis pour rien, dit Nafi.

— Oui des fois dans la vie, il arrive qu'on paie des pots qu'on n'a pas cassés. Et c'est bien ton cas.

— Ça me dépasse, fit Nafi.

— Je peux t'aider si tu suis mes indications jusqu'à la fin. En temps et lieu, je te ferai faire quelques bains mystiques pour enrayer de ton corps les souillures qu'il y a déposées à ton insu. Sinon, même si tu trouves un époux, tu auras de la difficulté à vivre avec des mômes, car ces saletés dans ton corps dégagent une odeur qui n'est perceptible que par les enfants. Ça les effraie et les révulse.

— Pourquoi juste les enfants ? Demanda Nafi.

— Parce qu'il sait que la plupart des femmes souffrent si elles sont privées de maternité. Son objectif est également de te rendre stérile, et de te priver de la joie d'aimer et d'être aimée par les enfants. Si tu ne prends pas ton traitement au sérieux, tu seras malheureuse toute ta vie.

— D'accord, poursuivit-elle, avec un sentiment d'inquiétude indicible.

Nafi n'en revenait pas. Les révélations de l'homme étaient tellement précises qu'il était impossible de les ignorer. Malgré tout, elle se disait que le marabout devait se tromper de nom, car le seul Ousmane Sow qu'elle connaissait ne correspondait pas au type d'homme dont elle rêvait. Il était loin du genre de mec beau, intelligent, riche et musclé qui avait toujours occupé ses fantasmes. Sur le chemin du retour, elle ne résista pas à l'envie de donner son impression à sa tante.

— Tante Fanta, est-ce que tu connais un Ousmane Sow ?

— Non… non.

— Moi, j'en connais un, mais cela m'étonnerait que ce soit lui. Tout nous oppose : c'est un villageois analphabète, alors que je suis une citadine qui a été à l'école. On ne pourra jamais se comprendre.

— Il peut bien s'agir de lui. Tu sais, le destin existe. S'il est écrit qu'il sera ton mari, tu n'y pourras rien. L'homme propose, Dieu dispose, comme on le dit souvent.

— Je vais patienter. L'avenir nous dira, fit Nafi.

— Nafi, tu sais l'être humain n'a d'emprise que sur sa volonté, et encore ! Mais une force supérieure, que nous, croyants, appelons force divine, commande son destin. Quand, nous faisons des efforts et que nous avançons dans la vie, nous sommes souvent portés à penser que nous façonnons nos réussites. Si nous échouons, c'est de notre faute, car nous n'y avons pas mis suffisamment de volonté. « Vouloir, c'est pouvoir » dit la maxime. Pour d'autres comme les athées par exemple, la volonté peut venir à bout de tout, elle est l'échelle magique qui nous permet de surmonter tous les obstacles. Par contre, pour le croyant, la volonté peut bien avoir des limites si elle ne suit pas le chemin qui a été tracé par l'ordre divin. C'est pourquoi, quand un croyant bute sur un obstacle après plusieurs tentatives infructueuses pour le surmonter, il recule et comprend que son ambition n'est pas inscrite dans son destin. Il abandonne et tente autre chose. Le non-croyant, en revanche, est plus sujet au refus entêté et parfois même au suicide devant un tel échec.

— Tu es devenue philosophe, mais ce que Serigne Dembellé a dit me dépasse et je ne pourrais y croire que lorsque je l'aurai vu, rétorqua Nafi.

— Oui, mon expérience m'a fait comprendre qu'il faut la conjugaison de la volonté humaine et celle divine pour façonner le chemin de l'individu, c'est-à-dire pour accomplir son destin. C'est ce que j'appelle son itinéraire personnel. Il est spécifique à chacun de nous. De la même façon que nous avons des visages différents, nous avons des itinéraires personnels différents.

— Tu soulèves un point important : la responsabilité de l'homme. Les gens ont plus tendance à toujours accuser le destin. Chaque fois que ça va mal, on dit que c'est le destin qui l'a voulu ainsi. Je trouve que c'est un raisonnement simpliste.

— Oui, mais des fois, c'est la seule explication possible. Imagine-toi. Si ça ne dépendait que de notre volonté, nous serions tous riches et en santé.

— Pour moi, il y a toujours une part de notre responsabilité qui est engagée.

— Évidemment. Par exemple si le destin t'amène Ousmane Sow, tu auras le choix de dire oui ou non.

— Tu me fais rire. En tout cas, je ne crois pas que ce soit celui que je connais.

— Écoute ! Ma chère, la vie est bizarre.

— Oui, je sais, mais….

— Mais quoi ? S'il est écrit qu'il sera ton mari, il le sera… Qu'il pleuve, vente ou neige. Tu es encore jeune pour comprendre cela. Regarde mon cas. Avant mon mariage, ni moi ni mes parents ne pouvions imaginer mon union avec Kader. Il est menuisier issu de classe sociale défavorisée. Mon père ne voulait même pas que je me rapproche de ce genre de personnes. Il les appelait des paresseux. Mais, je ne sais pas si ce sont les interdictions de mon père, le sentiment de pitié que j'éprouvais envers ses frères ou seulement l'amour qui me poussaient vers lui.

— Pourquoi une pitié ?

— Tu sais ses deux frères sont presque fous. L'un est celui que je t'ai déjà présenté. Il s'appelle Alioune Diop connu sous le surnom de taré-du-village.

— Ah bon ! C'est son frère ?

— Oui. L'autre est Mady Diop. On l'appelle aussi Diomba dé. C'est l'homme apparemment déconnecté de la réalité que tu vois souvent sur le banc de la mosquée du coin.

— Oui je vois. Le taré-du-village semble bien t'aimer. Je crois qu'il n'est pas si fou qu'on le pense. S'il était bien assisté, je crois qu'il serait guéri. Il m'a l'air intelligent malgré ses loques. Tu sais que c'est lui qui m'a conseillé de voir Sergine Dembellé. On dirait qu'il avait une prémonition.

— Il est étonnant. C'est l'intellectuel de la famille puisqu'il est le seul à être arrivé à l'université. C'est de là que sa maladie, occasionnée par un surmenage, est apparue. C'est d'ailleurs pourquoi il m'aime bien, car il dit que je suis la seule avec qui il peut communiquer. Tout ça pour te dire qu'il y a dans les unions quelque chose d'incontrôlable. C'est la part du destin. Comme le dit le proverbe : Nul ne peut y échapper.

— Je comprends, mais j'ose espérer que mon mari sera beau, brillant et musclé.

— Ma chère, tu auras celui que la vie te donnera.

— Oh, oh…

— Je te jure. Si ce que le voyant dit est vrai, tu verras Ousmane Sow demander ta main. À partir de ce moment, tu devras manifester ta volonté de vivre ou non avec lui. Tu feras un choix. Mais n'oublie pas que les années passent et que si tu rates une occasion, tu ne sais pas si tu en auras une autre. Voilà le risque. Je peux comprendre que tu aies des fantasmes sur un certain type d'homme, mais le divin peut en décider autrement. Je sens une certaine réticence de ta part, mais je te conseille vivement d'accepter le premier Ousmane Sow qui se présentera.

— Je sais que sa situation a changé, mais nous sommes tellement différents. Je vais m'y faire, mais pour l'instant, c'est l'image du marchand ambulant en train de se déambuler dans les rues de Dakar qui m'est restée.

*
* *

Depuis que le voyant lui avait dit le nom de son éventuel futur mari, Nafi fouillait sans cesse dans sa mémoire, revoyait les images des premiers pas d'Ousmane dans les rues de Dakar et concluait toujours par « Non ce n'est pas celui que je connais. Ça doit être un autre Ousmane ».

Ousmane Sow venait de Félata, l'un des rares villages au centre-ouest du Sénégal, à avoir réussi à conserver, presque intégralement, ses pratiques et valeurs ancestrales. Comme dans le passé, les femmes, outillées de mortiers et de pilons se livrent quotidiennement à leur sport favori : Piler le mil pour préparer le couscous. Les hommes armés d'outils de travail rudimentaires comme la daba ou la houe, parcourent les champs à longueur de journée, pour défricher des hectares et des hectares de terre. Ovins, bovins et caprins cohabitent docilement avec les villageois. L'eau est obtenue grâce aux deux puits creusés par deux vaillants bénévoles natifs de cette contrée où l'électricité reste toujours un rêve dans la conscience collective.

Félata avait pu, à travers les années, garder sa pureté et son invulnérabilité, son authenticité et son indépendance. De génération en génération, les anciens s'étaient érigés en sentinelles infatigables contre toute tendance à la modernité.

Les parents et arrière-grands-parents d'Ousmane avaient tous joué leur partition dans l'édification et la pérennisation de ce village. Malgré leurs conditions de vie modestes, ils voyaient en cette transmission fidèle des valeurs, un acte de loyauté et de reconnaissance envers les ancêtres. Pour eux, partir en ville signifiait trahir la mémoire des fondateurs du village, bafouer ce qu'ils leur avaient légué après beaucoup de sacrifices.

Depuis son enfance, Ousmane n'était pas sorti de cette zone. Ses activités se limitaient à l'élevage et aux travaux champêtres. Mais depuis quelque temps, le village traversait de rudes périodes marquées par une sécheresse persistante. Les animaux, efflanqués et fatigués mouraient de faim, car ils ne trouvaient plus d'herbe à brouter. Les rares arbustes restants avaient perdu leur feuillage, et leurs branches exposées en permanence au soleil semblaient perdre toute leur sève. Les réserves des récoltes précédentes étaient épuisées. La malnutrition ravageait les enfants provoquant une psychose généralisée chez les femmes. Les villageois vivaient leur deuxième année de sécheresse et aucun signe ne présageait d'une amélioration de la situation. Ousmane Sow qui ne trouvait plus d'activités agricoles ou d'élevage quitta le village pour Dakar, où un de ses amis venus deux années plus tôt, lui avait conté que l'herbe y était plus verte.

Une fois dans la capitale sénégalaise, Ousmane se rendit compte de la cherté des loyers par rapport au maigre budget dont il disposait. Pour tenir le coût, il vivait alors en colocation avec son ami Mor Ka dans une petite chambre au rez-de-chaussée d'une imposante maison à Liberté VI. Puis, comme beaucoup de jeunes issus de l'exode rural, il s'adonna au commerce en venant grossir les rangs des marchands ambulants. Pour ce métier, plus qu'un talent, il avait un don. Il revendait des produits cosmétiques qu'il achetait en gros chez les grands commerçants. Son travail consistait à les écouler à crédit auprès de ses clients. Et, à la fin de chaque mois, il repassait les voir pour recouvrer les dettes.

La famille de Nafi logeait à proximité de l'immeuble où habitait Ousmane Sow. Souvent bien habillée, un beau sac à la main, on la voyait sortir de chez elle presque tous les jours pour prendre les transports publics afin de se rendre au lycée Blaise Diagne où elle était enseignante. Dans cet établissement, sa beauté éclipsait celle de toutes ses collègues. Son teint naturel, soigneusement entretenu par de bons produits, son visage angélique et ses parfums enivrants faisaient d'elle une perle rare et fascinante. Elle ne passait pas inaperçue. Même les élèves, à l'unanimité, lui reconnaissaient sa beauté. Cependant, peu d'hommes osaient lui faire des avances à cause de son caractère, son intelligence et sa situation socioprofessionnelle. Elle était instruite, autonome et avait un niveau de vie plus élevé que la plupart des femmes de son âge.

Ousmane Sow et son ami Mor Ka, dans l'intimité de leur chambre, appréciaient cette beauté de la nature qui ne laissait aucun homme indifférent. Ils connaissaient son emploi du temps par cœur et ne rataient jamais ses entrées et sorties. Ils soulevaient le coin du rideau de leur fenêtre pour promener discrètement leur regard sur les coins et recoins du corps de la jeune dame. Chacun de ses déhanchements leur procurait un plaisir immense. Ils appréciaient sa forme qui, vue de devant comme de derrière, avait des arguments à faire valoir. Quelle que fût la tenue qu'elle portait, son élégance restait intacte. Mais, même s'ils savaient que Nafi était célibataire, les deux amis n'osaient pas lui faire des avances même dans leurs rêves les plus fous. Tant la distance qui les séparait était grande. Eux, de simples villageois débrouillards, aux lendemains incertains et Nafi, une citadine, fonctionnaire de l'État avec une situation économique stable.

Lorsqu'Ousmane avait commencé son commerce, Nafi Sarr faisait partie de ses premières clientes. Depuis lors, elle lui était restée fidèle. Dès qu'elle recevait son salaire, à la fin de chaque mois, elle passait à la boutique régler ses comptes. Fidèle cliente, elle était différente de celles après qui Ousmane devait courir régulièrement pour se faire payer. Elle était parmi les plus assidues et avait suivi l'évolution fulgurante de son fournisseur.

Au fil du temps, la situation d'Ousmane s'était améliorée. Ses stratégies affûtées et son amour du travail lui avaient permis de gravir très vite les échelons de l'entrepreneuriat autonome. En peu de temps, il s'était hissé au sommet du cercle restreint des plus grands commerçants ou vendeurs de produits cosmétiques de Dakar. Il tenait désormais son commerce à proximité des deux voies de Liberté VI.

Grâce à cette position stratégique, son entreprise continuait à prospérer. Ce qui lui permit d'ouvrir une seconde boutique à Sandaga dans le centre-ville. Il s'inscrivit à des cours de français pour adulte et de conduite automobile. Il put même s'acheter une maison sise à une centaine de mètres de celle de la famille de Nafi qui se trouvait de l'autre côté de la rue.

3

*Aimer est une chose, avoir le courage de l'avouer en est une
autre. L'une et l'autre sont essentielles pour commencer
toute idylle.*

Cela faisait déjà un mois que Nafi attendait avec
impatience la réalisation des promesses du grand
voyant. Les paroles de l'homme revenaient souvent dans
ses pensées. Il lui arrivait d'en douter, mais s'empressait
de chasser très vite ces idées négatives qui, en situation
de détresse, vous assiègent, vous figent et vous sucent
toute votre énergie. Même si elle était impatiente de
découvrir cette âme sœur tant souhaitée, elle réalisait
que le prédicateur avait bien précisé dans un délai d'un
trimestre. Donc, l'espoir était encore permis.

Au cours du deuxième mois, par un bel après-midi
où une chaleur accablante sévissait en bourreau sur les
populations, une situation imprévue eut lieu. Pendant

que Nafi sortait de chez elle, Ousmane Sow ouvrait son garage pour sortir son bolide. Il devait se rendre à son commerce du centre-ville. Assis sur son siège de conducteur, il aperçut de son rétroviseur, la belle Nafi qui attendait patiemment sur le trottoir un taxi pour se rendre au travail. En période de forte chaleur, elle évitait les affres des autobus de transport en commun. Ousmane eut un brin d'hésitation puis se décida de l'amener gratuitement. Il s'arrêta devant elle, baissa la vitre du côté passager et lui demanda si elle voulait bien qu'il la dépose. Cette dernière n'hésita point à monter à bord et à prendre place à côté de lui.

Ousmane Sow n'en revenait pas. C'était la première fois qu'il adressait la parole à Nafi en dehors des occasions ou elle le trouvait à la boutique pour prendre ses commandes. Depuis qu'il l'avait vue pour la première fois, Ousmane était sous l'influence du charme captivant de cette femme. Mais, il n'avait jamais osé franchir le rubicond en lui déclarant sa flamme. Il l'aimait secrètement, mais manquait de courage pour lui manifester ouvertement ses sentiments. Dans ses moments de solitude, il se posait toujours la question de savoir pourquoi cette dame était encore célibataire. Était-il le seul homme dont les déhanchements de Nafi Sarr faisaient perdre la tête ? Cela l'intriguait.

Depuis que Nafi était montée dans la voiture, un lourd tract avait envahi Ousmane. Il vivait une sorte de peur intérieure qui accélérait la cadence de ses battements cardiaques chaque fois que l'idée de l'aborder lui effleurait l'esprit. Il l'observait du coin de son œil droit, mais eut du mal à prononcer une seule phrase. La grande frousse qu'il éprouvait lui avait ôté tout son talent de communicateur. Et, ne pouvant plus se retenir, d'une voix tremblotante, il tenta d'émettre quelques mots que Nafi ne parvint pas à comprendre. Elle, qui le connaissait bien, était surprise de l'entendre bégayer si gravement. Elle l'interrogea :

— Ousmane, qu'est-ce que tu as dit ?

— Qui ? Moi ? Rien, répondit-il.

— Mais si, tu délires ou quoi ? Est-ce que ça va ? poursuit-elle.

— Oui oui. Pas de problème.

— J'ai l'impression que ta voix a changé.

— Ah bon, pourtant... non.

Puis un silence pesant s'installa dans la voiture. L'idée d'être refusé le traumatisait. Bien qu'ils fussent seuls, Ousmane éprouvait de la difficulté à briser la glace. Il aurait préféré garder de bons rapports amicaux avec Nafi, plutôt que de parler, d'être rejeté et d'avoir par la suite à vivre la honte permanente et la gêne chaque fois qu'il la recroiserait. Une hésitation maladive s'empara de ses pensées. « Après tout, ce n'est pas un crime de dire que je l'aime », se disait-il pour se donner bonne conscience.

Tout en conduisant, Ousmane répétait dans son esprit « qui ne risque rien n'a rien ». Même s'il y avait un risque, il lui fallait lâcher le morceau et se libérer de cette sorte de mutisme incommodant dans laquelle les sentiments qu'il dissimulait l'avaient placé. C'était la loi du tout ou rien. Le silence devenait de plus en plus insupportable. Il était certain qu'il fallait parler, mais ignorait par où commencer. Il essayait de se remémorer des phrases d'approches, ces phrases toutes faites pour aborder une fille qu'il s'amusait à répéter avec son ami Mor dans l'intimité de leur chambre. Heureusement, plus il avançait, plus il sentait la pression paralysante retirer son emprise sur lui. Son estomac qui semblait contenir une grosse boule se libérait progressivement. Après quelques minutes, il finit par retrouver un calme intérieur. Il décida enfin de rompre sa timidité et d'entamer une conversation.

— Pourquoi es-tu si silencieuse ? demanda-t-il.

— Toi aussi, tu n'es pas volubile du tout, fit Nafi.

— Ah bon, tu attends que je parle. Comment ça va ? reprit-il.

— Je vais très bien. Et toi ? fit Nafi.

— Pas mal, mais je sais que ça pouvait aller mieux si si...

— Si tu avais plus d'argent, continua Nafi.

— Ahahah, tu veux lire dans mes pensées ? Vas-y, enchaîna Ousmane avec un léger sourire.

— Pas du tout. Mais je vous connais. Vous les commerçants, vous n'en avez jamais assez. Vous courez toujours derrière l'argent, répondit Nafi.

— Non ! Je ne pensais même pas à l'argent.

— Et tu dis que ça pouvait aller mieux.

— Mais tu ne me demandes même pas ce qui me manque et tu penses spontanément à l'argent. Oui comme toutes les femmes, tu aimes l'argent.

— OK si ce n'est pas l'argent, qu'est-ce que ça peut

bien être ?

— J'ai un peu d'argent, j'ai une maison, une voiture… Qu'est-ce qui reste d'après toi ?

— Je préfère me taire, répondit Nafi tout en souriant.

— Est-ce que je peux te poser une question ? demanda Ousmane un peu plus détendu malgré une petite nervosité apparente.

— Oui, vas-y.

— Qu'est-ce que tu attends pour te marier ? demanda Ousmane.

— Eh bien ! J'attends qu'un homme s'intéresse à moi.

Ousmane saisit alors cette opportunité inattendue pour déclarer sa flamme.

— Tu sais une chose, c'est toi qui m'empêches de dormir. Tout en toi me plaît : tes yeux, tes cheveux, ton sourire, ta façon de parler et de marcher. Je dis bien TOUT. Tous tes gestes me font plaisir. Je donnerai tout pour que tu deviennes ma femme. Autrement, j'ai dit à mon ami que je ne me marierai jamais dans ma vie. Je mourrai célibataire et je lui ai demandé d'inscrire sur ma pierre tombale : MORT D'UN AMOUR RÉEL MAIS IMPOSSIBLE. Qu'en penses-tu ? J'avoue que je suis sous l'emprise de ma propre loi , celle que j'appelle Toi-ou-Rien.

Nafi voulut se retenir, mais l'envie était trop forte. Elle finit par exploser de rire. L'approche humoristique de son chauffeur de circonstance l'avait complètement surprise. Elle connaissait Ousmane, mais ignorait ce côté drôle et amusant de l'homme. Puis, elle se ressaisit sans dire un mot. Elle essuya ses larmes provoquées par cet instant d'hilarité et s'efforça de dissimuler ses émotions dans un mutisme soudain. Dans son calme, elle pensait à Serigne Dembellé. « Ah, je suis émue. Le marabout est extraordinaire, il avait vraiment lu mon avenir. Il n'y a plus de doutes, il s'agit bel et bien de ce même Ousmane. Comment a-t-il fait pour savoir cela ? Comment vais-je faire ? Si je suis mon cœur, je répondrai NON, mais comme Fanta est toujours bonne conseillère pour moi, peut-être que je ferai mieux de suivre sa recommandation. De toutes les façons, je ne vais pas répondre tout de suite. Il va me prendre pour une fille facile. Il faut que je lui fasse attendre un peu... »

Pendant qu'elle poursuivait ses rêveries en silence, Ousmane s'impatientait de la réponse. Le mutisme spontané de Nafi devenait de plus en plus intrigant. Et cela l'inquiétait. Le temps semblait s'allonger. Il commença à regretter amèrement d'avoir émis ses mots. À ce moment, il aurait souhaité ravaler ses paroles, mais le coup était déjà parti. L'oreille tendue, il guettait impatiemment un mot, une phrase, même une toux, n'importe quel son venant de Nafi. Mais rien. Rien de plus qu'un silence assourdissant et terrifiant. « Que se passe-t-il dans la tête de cette dame ? » se demandait-il. Il voulut mettre un terme à ce suspens, mais ne savait pas comment procéder. Un mot de plus sorti de sa bouche, même une farce pouvait être mal interprétée et aggraver la situation. Le moment était grave. Il préféra se taire et attendre une, deux, trois minutes… une éternité, mais surtout ne plus prendre de risque.

Au bout de deux minutes environ, Nafi, la voix pleine de douceur lui dit :

— Ousmane, je ne m'attendais point à ta déclaration. Je ne peux pas te donner une réponse tout de suite. Laisse-moi le temps d'y penser. Le mariage est un contrat sérieux. Si tu ne prends pas les précautions idoines avant de t'engager il peut te consumer comme la rouille sur un fer non protégé. Tu sais de nos jours, il y a beaucoup de divorces et je crois que dans bien des cas, les gens se sont aventurés dans le mariage sans savoir dans quoi ils s'engageaient. C'est effrayant. C'est à croire que le mariage est inapproprié à la condition humaine. La nature de l'Homme serait-elle incompatible avec les exigences de la vie à deux ? C'est une question que je me pose toujours. Il est évident que lorsque deux personnes s'unissent, leurs libertés individuelles sont réduites. Vivre à deux, c'est avant tout accepter cette contrainte, cette restriction de liberté, accepter le regard de l'autre, ses reproches ; c'est également tolérer ses erreurs et ses manquements, lui permettre d'impacter sur tous nos choix. Se marier, c'est s'abandonner pour faire naître l'autre en nous ; l'autre qui saura dire NOUS à la place de JE. Quand on ne peut pas accepter ces privations, le mariage devient un fardeau insupportable. J'aimerais bien vivre le mariage, savoir ce qui s'y cache, mais des fois j'ai peur. Je rencontre beaucoup de couples, mariés depuis des années, mais qui semblent vivre ensemble par contrainte, souvent pour ne pas perturber la quiétude de leurs enfants. Je veux mettre toutes les chances de mon côté, peser le pour et le contre avant de prendre une décision. La nuit porte conseil. Ce soir, je vais y penser.

La réponse n'était pas favorable, mais au moins une porte d'espoir était encore entrouverte. Ce n'était ni un OUI ni un NON. Ousmane était un peu plus confiant, il poursuivit la discussion toujours avec un humour décontracté :

— Je comprends pourquoi tu es restée tout ce temps sans trouver chaussure à ton pied. Non je rigole. Mais franchement, vous les intellectuels, vous aimez réfléchir. Quel beau discours ! Pour répondre à une toute petite question. En tout cas, sache que tu ne peux pas prédire l'avenir. On ne peut pas tout prévoir dans la vie. Il faut juste être prêt à faire face aux imprévus s'ils arrivent. Les risques vont avec n'importe quel projet et le mariage en est un. La base doit être l'amour. Aimer, c'est donner volontairement un peu de soi-même à l'autre et en retour accepter de prendre son offre. Quand le don de soi dépasse de trop l'offre reçue, il s'installe alors un déséquilibre dangereux et menaçant pour le couple. Mais quand on aime, on surmonte beaucoup les obstacles. Tu peux y réfléchir, mais sache que je suis comme un enfant dont la maman, partie au marché, lui a promis des bonbons qu'il attend avec impatience. Le plus vite serait le mieux.

*

Une semaine, pendant laquelle Ousmane ne se séparait pas de son téléphone, venait de s'écouler. L'attente devenait infernale. Il n'avait toujours pas reçu cet appel tant souhaité. Il n'avait pas non plus aperçu ne fût-ce que l'ombre de Nafi. Il subissait la pression de son cellulaire dont chaque sonnerie faisait naître un espoir de courte durée qui mourait chaque fois qu'il voyait à l'écran le nom de l'appelant.

Le vendredi après-midi, contrairement à son habitude, Ousmane termina sa journée tardivement. Vers vingt heures, il s'empressa de fermer les portes du magasin avant de marcher à pas rapides et monter dans sa voiture. À peine une dizaine de minutes sur la route, son téléphone sonna. Il vit s'afficher à l'écran le nom de Nafi. Malgré les risques d'accident ou d'amende pour téléphone au volant, il décrocha. Il entendit une voix sensuelle dire :

— Allô

— Allô répondit-il avec empressement.

— C'est Nafi, comment vas-tu ?

— Oui, je sais que c'est toi. Eh, je reconnais ta voix. Je vais bien et toi ?

— Oui ça va ?

— Alors qu'est-ce que tu racontes de beau ?

— Tu sais Ousmane, j'ai bien réfléchi à ta demande en mariage.

— Et, qu'est-ce que tu décides ?

— Je l'accepte. Ça me fera un grand plaisir de vivre

avec toi.

— C'est le plus beau jour de ma vie. Tu ne peux pas imaginer combien je suis heureux. Je conduis, mais je t'appellerai plus tard pour qu'on en discute.

— Écoute, pas de temps à perdre. C'est simple. Je te conseille d'envoyer une délégation pour discuter avec mes parents. À partir de ce moment, ils me demanderont mon avis. Dès que je leur donne mon approbation, ils vont fixer la date du mariage religieux.

— D'accord, je procéderai ainsi. Passe une bonne soirée, on se reparle demain.

— Merci, à demain, fit Nafi qui raccrocha aussitôt.

Sur ces mots, les nouveaux amants se séparèrent. Nafi fila aussitôt devant son miroir comme pour vérifier si c'était bien elle qui venait de donner son accord. Face à son image, elle resta immobile pendant un instant et subitement elle explosa de rire avant d'aller au salon. Et de tout son poids, elle se laissa tomber sur le canapé. À ce moment, ses actes n'étaient plus dictés par de l'amour, mais plutôt par la raison. Une belle occasion de mariage s'était offerte, il fallait qu'elle la saisisse afin de décharger le poids social qui l'anéantissait en lui volant sournoisement sa beauté et sa joie de vivre. Bien qu'Ousmane ne fût pas le genre de mari qu'elle aurait aimé avoir, elle accepta de l'épouser. Elle voulait coûte que coûte sortir de cet engrenage, ce cercle vicieux de relations toujours prématurément interrompues avec les hommes.

Au volant, Ousmane Sow ne savait quoi dire de plus.

Il était perturbé par cette surprenante bonne nouvelle. Pour lui, c'était simplement un cadeau du ciel, une bénédiction divine. Son rêve d'antan allait se réaliser dans les prochains jours. Ses pensées s'évadèrent furtivement pour naviguer dans les vagues de bonheur que présageait sa vie future avec Nafi. Emporté dans ses méditations, il faillit brûler le feu rouge avant de revenir à la lucidité.

Une semaine plus tard, le mariage fut célébré dans la plus grande discrétion. C'est ainsi que la belle Dakaroise, enseignante, qui jadis ambitionnait de vivre avec un mari romantique et instruit se retrouva obligée de revoir ses ambitions et de se contenter de son villageois.

4

Devant l'échec de la médecine moderne, lorsqu'elle atteint ses limites, celle traditionnelle peut s'offrir comme une vraie alternative.

Après une bonne heure d'attente et de méditation, Fanta entendit les pas d'Ousmane Sow descendant les escaliers. Instinctivement, elle rajusta sa position. Une idée traversa vite son esprit. Elle conclut à part soi : « Il y a des choses qu'on sait, mais qu'on fait mieux de taire. Une vérité susceptible de fragiliser les relations humaines ne mérite peut-être pas d'être dite. Je n'expliquerai jamais à Ousmane les déboires d'antan de Nafi avec les charlatans, mais je tenterai tout de même de le convaincre d'orienter les investigations vers les pratiques médicales traditionnelles ».

Fanta connaissait tout de sa nièce. Son esprit était une sorte de disque dur sur lequel était stockée la biographie de Nafi. Le passé mouvementé de celle-ci, avec ses erreurs et ses regrets, ses succès et ses déceptions, n'avait pas de secret pour elle. Cependant, elle ne voulait pas tout révéler. Elle devait filtrer les informations à servir à Ousmane pour ne pas le décourager ou dévoiler des secrets que Nafi cachait à son mari. De toute façon, depuis leur mariage, Ousmane n'avait jamais senti un manque d'égard ou d'amour. Alors, pourquoi remuer le couteau dans la plaie ? Leur union n'était certes pas le fruit d'un amour partagé, mais ne souffrait d'aucun malentendu. Fanta avait la forte conviction que Nafi était encore sous l'emprise de ce même esprit maléfique qui la séparait de ses amants. Mais, elle choisit de taire toute cette histoire qui occupait ses pensées. Par contre, elle tenait à lui faire comprendre subtilement qu'il fallait explorer la médecine traditionnelle.

Ousmane franchit la dernière marche, avança lentement d'un pas pesant à l'image de quelqu'un qui porte un lourd fardeau. Pour dissimuler sa souffrance intérieure, il était bien habillé. Son grand boubou blanc assorti de babouches couleur citron lui donnait un air heureux. Il entra dans le salon et se dirigea vers Fanta. Après une poignée de main chaleureuse, il s'installa en face d'elle sur le grand fauteuil berçant et entama la conversation.

— Comment vas-tu, Fanta ?

— Bien. Et toi ?

— Excuse-moi, j'étais trop pris par des imprévus.

— Pas de problème. Ousmane, je voudrais qu'on discute du cas de Nafi. Il faut vraiment faire quelque chose, lui dit Fanta.

— Fanta, je commence sérieusement à être inquiet, je ne comprends pas les fausses couches répétitives. Pourtant, je l'ai amenée à plusieurs reprises voir mon médecin personnel qui m'a rassuré qu'elle n'avait aucun problème de santé. Je ne me suis pas arrêté là, je suis allé voir deux autres médecins pour valider cette information. Ils m'ont rassuré qu'aucun problème n'est décelé après une batterie de tests et m'ont même dit que la prochaine grossesse serait la bonne. Mais rien. Que Nenni. Le même scénario se répète toujours.

— C'est justement la raison pour laquelle, il faut changer de stratégie. Je dois t'expliquer des choses, Ousmane.

— Oui, je t'écoute.

— Est-ce que tu crois à la sorcellerie et aux créatures invisibles ?

— Non pas du tout. Je sais qu'on en parle souvent au village, mais mon séjour en ville m'a ouvert les yeux. C'est probablement par ignorance que certains villageois croient encore à l'empirisme et au mysticisme.

— Eh, tu te trompes. Même en ville, ces pratiques existent. Je crois sérieusement qu'il faut orienter les traitements dans ce sens. Nafi doit être habitée par un esprit maléfique qui fait envoler ses espoirs. J'ai une amie qui était confrontée aux mêmes problèmes et il a fallu recourir à la médecine et aux pratiques traditionnelles pour la guérir.

— Que s'était-il passé ? Qu'est-ce qu'elle avait ?

— Ça ne vaut pas la peine de rentrer dans les détails, mais crois-moi, il faut explorer ce domaine. Il y a des tradipraticiens très efficaces qui s'y connaissent. Et tu n'as rien à perdre en essayant autre chose puisque la médecine moderne a montré ses limites dans ce cas-ci.

Ousmane Sow parut un peu gêné, mais se força de continuer avec une voix presque confidentielle.

— Quelque chose me vient à l'esprit. Je vais te le dire, car ça m'intrigue et là tu me parles de médecine et de pratiques traditionnelles. C'est un peu intime, mais je préfère le dire puisque tu m'en donnes l'occasion et ça peut être en rapport avec ce que tu racontes. Je constate qu'une ou deux fois par semaine, je me fais réveiller en pleine nuit par les gémissements de Nafi. C'est étonnant et mystérieux pour moi. Elle se comporte bizarrement en faisant tous les gestes de quelqu'un en pleins ébats sexuels. Dès que je lui demande ce qui se passe, elle se réveille et me dit qu'elle n'est au courant de rien. Une nuit, pendant qu'elle était en action dans son rêve, je fis exprès de ne pas lui faire de remarque. Je décidai de rester silencieux pour savoir ce qui allait se passer sans mon intervention. Je dois te dire que je fus stupéfait de ce spectacle à la fois captivant et inédit. Pour ne pas attirer son attention, je gardais les yeux mi-ouverts. Je constatais que Nafi était hors du drap qui nous couvrait, que nous partageâmes au coucher. Complètement nue, les jambes légèrement écartées laissant entrevoir son sexe mouillé, la tête décoiffée se balançant sensuellement d'un côté à l'autre, elle laissait échapper de petits mots insensés. Elle empoignait vigoureusement le drap. Ses seins se déformaient comme si une main invisible était en train de les peloter. Je voyais ses tétons durcis pointant vers le toit. Elle avait exactement le comportement d'une femme excitée pendant les préliminaires menant au septième ciel. Puis, comme on pouvait s'y attendre, ses reins s'entraînèrent dans un mouvement effréné de va-et-vient de plus en plus cadencés. J'étais impressionné. Nafi semblait bouger aux rythmes d'une musique qui m'était inaudible. Elle articulait en vrac des mots dans un dialecte que je ne comprenais pas. Son corps vibrait de plus en plus fort et sa respiration était de plus en plus haletante. À n'en point douter, elle faisait l'amour. Avec qui ? À ce moment, elle seule pouvait répondre à cette question puisque moi je ne voyais aucun intrus dans notre chambre. Nous étions juste deux dans le lit avec éventuellement un troisième qui serait son amant invisible. Des scènes similaires étaient de plus en plus fréquentes dans notre couple. Lorsqu'il m'arrivait de la réveiller en plein rêve érotique ou « acte sexuel », elle se sentait amère le lendemain au réveil. De mauvaise humeur, songeuse, elle me repoussait quand j'essayais de lui faire des câlins. Tout ce que je faisais pour la rendre heureuse semblait produire l'effet inverse. Par contre, elle se comportait comme un charme au réveil des nuits pendant lesquelles je la laissais poursuivre ses ébats avec son amant invisible jusqu'à satiété.

À ce moment-là, Fanta se remémora les évène-ments à la limite du paranormal qui se manifestaient dans la vie de Nafi. Elle était certaine que son soi-disant amoureux invisible était encore de retour. Cette force occulte qui la séparait de ses prétendants avait refait surface. Elle se souvint que Serigne Dembellé leur avait demandé de revenir après le mariage pour compléter le traitement, mais Nafi n'avait pas respecté cette recommandation. Malheureusement, quelque temps après, elle avait appris le décès de l'homme qui prétendait la protéger de son amant invisible. Elle ne voulait pas extérioriser ses craintes et ses doutes devant Ousmane Sow, mais elle était convaincue que c'était ce jaloux d'être maléfique qui était à l'origine des fausses couches. Après un silence d'environ une minute, la voix émouvante, Fanta reprit la discussion.

— Crois-moi Ousmane, ce monde invisible existe avec ses mystères qui nous dépassent.

— D'accord, je ne crois pas trop en ces histoires de sorcellerie, mais comme tu dis, je n'ai rien à perdre. Désormais, je vais explorer cette voie. Je dois partir, je te laisse avec ta nièce.

— D'accord, à plus tard.

Ousmane Sow sortit aussitôt de la maison pour se rendre à sa boutique à Sandaga où un tas de commandes l'attendaient. Fanta regagna la chambre où sa nièce continuait à se tourner et se retourner comme un dormeur solitaire dans un lit assiégé par une meute de puces ou de punaises.

5

Il faut toujours se méfier quand on gère les avoirs des autres, car une imprudence d'un jour peut vous déstabiliser pour toujours.

Fanta était rentrée tardivement le soir de la déconvenue de Nafi. Par compassion, elle ne voulait pas la laisser seule. Elle était restée jusqu'au retour d'Ousmane pour pouvoir partir en toute quiétude. Entre-temps, l'assemblée générale des femmes du quartier eut bel et bien lieu et elle n'avait pas pu y assister. Les spéculations sur son absence étaient au centre des discussions.

— La trésorière n'a pas fait la reddition des comptes. Elle n'est même pas venue, ce n'est pas normal, disaient certaines.

— Elle a sûrement détourné l'argent et nous fuit, martelaient d'autres.

Les mauvaises langues fusaient de partout ampli-
fiant la rumeur sur d'éventuelles malversations
financières. Seule sa voisine Rama Fall qui soupçonnait
la raison profonde de ce manquement répliquait avec
énergie.

— Fanta est sérieuse. Elle a eu un contretemps que
vous découvrirez tôt ou tard, disait-elle.

Les commentaires opposés se poursuivirent jusqu'au crépuscule qui sonna la fin de l'assemblée.
Chacune regagna son foyer plus ou moins déçue par
les allégations qui pesaient sur une personne sur qui
elle fondait leur espoir.

Le lendemain, Fanta se réveilla tôt. Guidée par un
sentiment étrange, elle décida à tout hasard de profiter
de la fraîcheur matinale en allant se promener en
solitaire. À peine avait-elle dépassé le premier coin de
rue, qu'elle aperçut le président du club de football
revenant de son sport. Elle l'interpella. Ce dernier, l'air
innocent, comme si de rien n'était se présenta devant
elle. Fanta lui dit :

— Où étais-tu ? Pourquoi n'as-tu pas respecté ta
parole ?

— De quoi parles-tu ? répondit le monsieur avec
une ingratitude déconcertante.

Fanta comprit aussitôt que l'homme était un truand.
Il allait refuser de lui rembourser puisqu'il feignait
déjà de ne pas reconnaitre les faits. Elle s'agrippa sur
lui de toute son énergie.

Tout en tentant de se défaire de l'emprise, le président du club dit :

— Arrête. Laisse-moi. Quel est ton problème ? Es-tu cinglée ?

— Tu vas me payer. Au voleur, au voleur, s'écria-t-elle.

Les gens se réveillèrent et accoururent vers eux. Très vite un attroupement de femmes et d'hommes tout émus se forma. Certains tentaient vainement de les séparer, mais Fanta insistait :

— Allons à la police.

Le monsieur qui passait toujours pour un grand responsable, apparemment très probe était accusé à tort ou à raison. En tout cas, tout le monde était stupéfait. Mais devant l'émerveillement des uns et des autres, il ne broncha point. Gardant tout son sang-froid, il accepta de partir à la police avec Fanta.

Devant le commissaire Sankaré, Fanta donna sa version des faits que son accusé n'hésita point à nier avec la plus grande fermeté. L'homme mentionna qu'il ne connaissait pas Fanta et qu'il était même tenté de retourner l'accusation contre elle pour diffamation.

La police ne reconnut pas les accusations portées sur l'homme, car il y avait une absence totale de preuves écrites. Le président du club s'en sortit glorieux, libre comme l'air.

Fanta était en colère. Elle ne savait plus comment faire devant la malhonnêteté de son emprunteur. Les maigres dividendes générés par ses activités ne lui permettant pas de rembourser cet important montant, dès le lendemain, elle réunit les femmes et leur avoua la vérité. Elle leur expliqua dans les moindres détails la roublardise dont elle était victime et regretta profondément sa crédulité. Mais, cette naïveté excessive était difficile à croire, vu le niveau intellectuel de Fanta. Prêter de l'argent sans signature, sans garantie à quelqu'un dont on ignore la morale était simplement inconcevable. Pourtant, certaines dans le groupe, convaincues de sa franchise, étaient sur le point de lui pardonner cette imprudence. Par contre, d'autres prétendirent qu'elle avait bien mûri son coup. Une femme prit la parole et dit :

— Fanta est un escroc habile qui porte le masque d'un ange. Elle n'avait pas assisté à notre rencontre d'avant-hier simplement parce qu'elle avait bouffé notre argent. Si ce qu'elle dit est vrai, elle aurait dû venir nous l'annoncer plus tôt en toute honnêteté. Mais non. Elle attend que son coup échoue pour venir nous servir des inepties. Elle voulait se laver en accusant injustement notre président de club, un homme intègre. En plus d'être sournoise, elle est une grande menteuse. Aujourd'hui sa fausseté est démasquée et mise au grand jour. Son acte indigne et inacceptable doit être puni. J'exige qu'elle nous paye jusqu'au dernier centime.

La femme était tellement cohérente dans son propos que même quelques-unes parmi les plus tolérantes changèrent d'avis. Elles adhérèrent à cette plainte collective contre Fanta.

Fanta était à court d'arguments. Elle prit l'incident comme un coup du destin, quelque chose qui devait arriver dans sa vie. La rumeur se répandit très vite comme une traînée de poudre. Elle fut accusée de traître, de truande et exposée à la vindicte populaire.

Fanta rentra à la maison en pleurs. Surpris, Kader Diop accourut pour la prendre dans ses bras. Il était remonté et se demandait ce qui était arrivé à sa femme. Puis, après quelques sanglots, Fanta se mit à lui conter sa mésaventure avec le président du club et le comportement des femmes vis-à-vis d'elle.

Quand elle eut fini son récit, son mari tomba des nues. Il était étonné de cet évènement à la fois inopiné et déstabilisateur. Il ne comprenait pas pourquoi Fanta lui avait tout caché. Elle ne lui avait jamais parlé d'une quelconque dette. Il trouva l'attitude de Fanta non seulement inadmissible, mais suspecte. Dans son étonnement, il pensait : « Fanta doit être instable dans sa tête. Comment une femme qui s'est sacrifiée en abandonnant ses parents pour vivre avec moi peut-elle se permettre d'entretenir une quelconque relation avec un autre homme à mon insu ? C'est quand même bizarre. Pourquoi a-t-elle prêté l'argent à cet homme que je ne connais même pas ? Me trompait-elle ? En plus, l'argent ne lui appartenait même pas. Cet homme doit avoir une grande importance dans la vie de ma femme. Un amant sûrement. Elle ne m'en a jamais parlé, mais j'ai découvert le pot aux roses. Ah, les femmes, on ne les connaîtra jamais assez. Ce qui est sûr est que c'est fini entre nous, car je n'ai plus confiance en elle. »

Après une semaine agitée, marquée par quelques nuits blanches de réflexion, Kader arrêta la décision de répudier Fanta. Il se sentait trahi et avait du mal à digérer sa déception. Il trouvait inconcevable de continuer avec une femme apparemment experte dans la manigance et capable des pires fourberies. Il ne cessait de répéter « Elle avait bien planifié ce coup, c'est pourquoi elle ne m'en a jamais parlé. La vérité finit toujours par éclater au grand jour. C'est pourquoi Dieu est avec les patients. »

Un malheur ne venant jamais seul, ce divorce inattendu vint s'ajouter à la malversation financière dont Fanta était déjà victime. Le mari qu'elle aimait de tout son cœur, le seul homme dont elle espérait recevoir un soutien dans ces moments difficiles, ne parvint pas à la croire malgré ses efforts d'explication.

Fanta était déchirée par la tournure des évènements. À contrecœur, elle quitta le domicile conjugal. Ses maigres moyens ne lui permirent pas de trouver mieux qu'un taudis pour se reloger de la banlieue dakaroise. En quelques jours, elle était devenue méconnaissable. La mort dans l'âme, elle endurait seule dans la plus grande dignité ses souffrances. La solitude renvoyait très souvent ses pensées au malentendu qu'elle avait eu avec son père à la veille de son mariage. Jour et nuit, une tristesse profonde l'oppressait. Elle n'avait personne avec qui elle pouvait partager ses sentiments de culpabilité. Lorsqu'elle pensait à ses parents, une crainte l'envahissait. Elle imaginait la colère de son père qui avait prédit cette séparation. Il lui avait dit « Je n'ai pas confiance en ton homme même si tu as déjà eu un enfant avec lui. J'ai un mauvais pressentiment sur lui. Tu as troqué tes études contre ce minable, tu le regretteras tôt ou tard. » Malgré la réticence des parents, Fanta s'était obstinée. En guise de réponse à son paternel, elle marmonnait « c'est lui que j'aime, et après tout c'est ma vie. » Elle ne pouvait pas non plus en parler à Nafi. Cette dernière avait déjà du pain sur sa planche. Il fallait à tout prix éviter de la perturber davantage. Elle décida de se recroqueviller dans son petit coin et en croyante s'en remettre à Dieu.

*

* *

Quelques jours plus tard, le taré-du-village apprit que Fanta ne vivait plus avec son grand frère. Il fit sa petite enquête auprès de son entourage et finit par découvrir les raisons de cette séparation. Mais, son estime inconditionnelle envers Fanta le guidant, il ne crut un mot de ce qu'on lui avait raconté. Il avait le pressentiment qu'une rivale ou ennemie avait fomenté ce coup pour détruire sa belle-sœur. Ainsi, il partit aussitôt à sa recherche. Après deux jours d'investigation, il parvint enfin à dénicher l'endroit où son ex-belle-sœur s'était retirée malgré elle. Lorsqu'il l'aperçut, il n'en croyait pas ses yeux. En seulement quelques jours, Fanta était devenue méconnaissable. Terrorisée par la solitude inhabituelle qu'elle vivait, elle avait non seulement maigri, mais une tristesse épouvantable se dégageait de son visage. Il courut à vive allure vers elle, l'enlaça autour du buste avant de lancer :

— Mais Fanta que s'est-il passé ? Dis-moi la vérité. Je ne crois pas un seul mot de ce qui se raconte.

— J'ai fait l'erreur de prêter de l'argent au président du club qui n'a pas voulu me rembourser. Par manque de preuve, la police l'a disculpé et tout le monde m'accuse d'être de mauvaise foi, expliqua Fanta.

— Ne t'inquiète pas. Moi je te crois. Je suis sûr que tu es une bonne personne qui ne fera jamais dans ces bassesses, reprit le taré-du-village.

— Tu sais, lorsque je suis allée voir le voyant du coin, il m'a dit que le monsieur m'a envoûtée pour que je lui donne l'argent inconsciemment. Il était formel. Il m'a dit que le président du club possède un talisman qui permet d'aveugler les gens, de les manipuler et de leur faire faire des actes contre leur volonté. Mais personne ne croira à cet argument et je serai tout ridicule. J'accepte le sort et espère qu'un jour la vérité apparaîtra au grand jour, poursuivit Fanta, la voix tremblotante.

Le taré-du-village se tut un instant. Il était atteint dans son âme. Il ne pouvait tolérer de voir Fanta dans cet état de souffrance. Il reprit :

— Ne t'inquiète pas. Ce problème, je le prendrai à bras-le-corps. Je traquerai partout cet imposteur et je lui ferai regretter son acte. Il ne peut pas vaquer à ses occupations alors que toi tu souffres. C'est injuste, dit le taré-du-village visiblement offensé.

Dans cet esprit de vengeance, le taré-du-village partit à la recherche du président du club. Il était décidé à en découdre avec lui pour laver l'affront envers Fanta.

Une semaine plus tard, alors que l'équipe du quartier devait jouer sa finale, le taré-du-village qui veillait au grain aux alentours du stade aperçut le président du club dans la foule. Il s'approcha. Lorsque leurs regards se croisèrent, il l'empoigna par le collet. Ce dernier, très calme, n'eut même pas le temps de lui demander la raison de cette agression violente qu'il commença brutalement à le rouer de coups. Les deux hommes en vinrent aux mains. Chacun d'entre eux tentait des prises visant à déstabiliser ou faire tomber l'autre. La rage monta d'un cran et les coups s'intensifiaient. Dans le feu de l'action, le taré-du-village sortit un couteau. Sans aucune pitié, il trancha la gorge de son adversaire. Ce dernier tomba de toute sa masse sur la chaussée. Le taré-du-village ne broncha point. Horrifiés, les gens prenaient leur distance face au forcené à l'arme blanche. Tout en demandant un volontaire dans la foule qui pourrait l'aider à déplacer le corps de la victime, il répétait : « Il l'a cherché, il l'a eu. Il l'a bien mérité. » Plongé dans une crise de folie meurtrière, il était convaincu d'avoir bien agi. Il semblait n'en avoir cure de l'arrivée ou non des forces de l'ordre. Il resta là jusqu'à l'arrivée des policiers qui le conduisirent au commissariat. Par la suite, il fut placé sous mandat de dépôt.

Le forfait fut classé dans les cas de flagrants délits. Et, une semaine plus tard, le procès médiatisé à grande pompe, eut lieu. Comme le président du club de football était très célèbre dans le milieu sportif, beaucoup de sympathisants avaient effectué le déplacement pour voir le sort réservé au meurtrier. La salle d'audience du tribunal de Dakar était pleine à craquer.

Vers dix heures, les gardes firent entrer l'accusé. Il se pointa devant la barre face au tribunal composé de trois sexagénaires chevronnés. Le procureur, un homme velu, rompu à la tâche ouvrit les hostilités en rappelant les faits en cause et les circonstances dans lesquelles ils ont été commis. Le président du jury le remercia puis enchaîna avec une rafale de questions.

— Monsieur Alioune Diop, connu sous le sobriquet de taré-du-village. Reconnaissez-vous le fait qui vous est reproché ?

— Quel fait ? Questionna le taré-du-village.

— La mort du président du club, reprit le président.

— Qui me le reproche ? Est-ce vous ? rétorqua le taré-du-village.

— Monsieur Diop, je vous demande de répondre aux questions au lieu d'en poser. Vous êtes ici pour un crime odieux et grave. Il s'agit d'une mort d'homme, fit le président avec un ton menaçant.

— L'homme qui est mort ne me reproche rien. Je l'ai aidé à se débarrasser de ses démons qui le conditionnaient à commettre des péchés. Aujourd'hui, il se repose en paix. À quoi ça vous regarde ? objecta le taré-du-village.

L'avocat du taré-du-village se leva et prit la parole.

— Monsieur le président, mon client a agi avec des facultés réduites. Il ne peut pas être tenu pour responsable. Je demande tout bonnement la relaxe de cet individu dont tout concourt à montrer que sa place, loin d'être la prison, est plutôt l'hôpital psychiatrique.

L'avocat de la partie civile prit la parole pour rétorquer :

— Il y a des hommes qui ont raté leur vocation dans la vie et lorsqu'ils tentent de se reconvertir, ils enchaînent dégât sur dégât. C'est le cas de monsieur Diop qui, en principe, devait être au théâtre ou à la limite au cirque, mais malheureusement il s'est transformé en tueur. Il est un assassin de la pire espèce, car tel un caméléon, il est un roi du camouflage, capable de transformer son visage de celui d'un ange à celui d'un diable selon les circonstances. Monsieur le président, nous réclamons une peine exemplaire.

Le procureur reprit la parole pour requérir une peine exemplaire de dix ans qui fut accueillie avec une certaine liesse par la foule jusque-là très attentive et silencieuse. Le jury se retira pour quelques minutes avant de revenir dans la salle. Le meurtre fut qualifié d'acte prémédité, et le taré-du-village, comme un individu jouissant de toutes ses facultés mentales. Sans aucune circonstance atténuante, le président du tribunal cita une série d'articles du Code criminel en vertu desquels il condamna le taré-du-village à dix ans dont les deux premiers seraient purgés en réclusion.

6

En Afrique, on dit que la rationalité n'explique pas tout. Devant certains phénomènes, il vaut mieux accepter les explications disponibles fussent-elles illogiques.

La semaine qui avait suivi l'interruption précoce et involontaire de la grossesse était bizarrement très sombre. On aurait dit qu'une éclipse solaire allait se produire incessamment. Comme par solidarité aux larmes de Nafi, le ciel, chaque jour, vidait ses réservoirs déversant sur toute la ville d'abondantes quantités d'eau. Les violentes pluies torrentielles décourageaient les gens à vaquer à leurs occupations. Ousmane n'y avait pas échappé. Il avait lui aussi ralenti ses activités. L'atmosphère terne lui sapait le moral et l'empêchait de s'extirper de son état de choc. Il ne passait pas un instant sans que des remords atroces ne vinssent perturber sa quiétude. Au travail comme à la maison, partout où il se retrouvait seul, des pensées éparses se bousculaient dans son esprit.

Même si ce jour-là n'avait pas fait exception, Ousmane s'était quand même forcé d'aller au bureau. Mais, en début d'après-midi, exténué par ses tâches harassantes, l'esprit troublé, il décida de rentrer chez lui plus tôt que d'habitude. D'un geste lent, il se leva, marcha jusqu'au portemanteau et décrocha sa veste avec la dernière énergie. Au moment de la mettre, il se souvint de quelques comptes de clients à traiter en toute urgence ; il regagna aussitôt son bureau. Calfeutré dans son fauteuil, il ouvrit avec empressement sa mallette, en sortit un grand classeur vert contenant des factures qu'il étala devant lui. Il essaya de les lire, mais n'y comprenait rien. Son cerveau semblait être en panne. Subitement, tout était devenu flou pour lui. Il ferma les yeux, les deux mains collées au visage et se laissa aller dans une profonde méditation qui dura une dizaine de minutes. Indécis et un peu perturbé, il referma tous ses documents avant de s'emporter dans un monologue silencieux. « Ces dossiers valent-ils la santé de ma femme ? Non, non, il faut que je m'implique. Il faut qu'on règle ce problème… Mais, comment peut-on croire en ces histoires de sorcellerie ? Comment un être invisible peut-il entraver les projets d'un être humain ? Même au village, les gens croient de moins en moins au mystique. Mais comme disait Fanta, il y a une semaine, ça ne coûte rien d'explorer cette piste ». Cette fois, il était si touché par la détresse de sa femme, qu'il décida, malgré son scepticisme, d'en savoir plus sur ce monde parallèle peuplé de créatures invisibles. Nafi était-elle réellement habitée par un esprit maléfique ?

Cette question dont la réponse lui semblait évidente au départ, commença à le turlupiner sérieusement. Ne voulant plus que cette situation revînt les ébranler une nouvelle fois, il se résolut à prendre le problème à bras-le-corps.

Brusquement, il se leva, prit ses affaires et sortit de son bureau. Au lieu de rentrer à la maison, il décida d'aller voir son ami pour lui en parler. Dix minutes plus tard, il se gara devant chez Mor Ka. De la rue, il tenta en vain de le joindre au téléphone afin de lui signifier sa présence. Il hésita un instant avant de sortir de la voiture. L'air perdu, il entra dans la maison, marcha jusqu'à la porte de la chambre de Mor Ka et toqua énergiquement à deux reprises.

Surpris de cette visite inopinée, Mor sursauta du lit où il était blotti au chaud dans les bras de sa copine du moment. Il ouvrit légèrement la porte et aperçut Ousmane. Il lui fit un clin d'œil et lui dit :

— Ousmane. Ça va ? Donne-moi une minute, j'arrive.

— D'accord, je t'attends dehors, répondit Ousmane.

Après quelques minutes d'attente, Ousmane vit Mor se diriger vers lui tout en sourire. Lorsqu'il arriva, Ousmane l'interpella :

— Mor, quand est-ce que tu vas arrêter de jouer ? Tu n'es plus un gamin. En tant que musulman, il est temps que tu prennes une femme pour éviter les péchés.

— Oh, Ousmane, ça viendra un jour, enchaîna Mor.

— OK comme tu veux. Bon ce n'est pas l'objet de ma visite. Je suis venu te voir, car je suis fatigué. J'avais décidé de garder mes souffrances pour moi, de ne rien dire à personne, mais là ça commence à me dépasser.

— De quoi parles-tu mon ami ? Qu'est-ce qui te préoccupe tant ?

— Tu sais, Nafi en est à sa quatrième fausse couche. Au début, je le mettais sur le compte du destin, mais avec ce que sa tante m'a raconté sur les esprits maléfiques, je suis un peu dubitatif.

— C'est peut-être vrai. Ne le néglige pas. Ce sont des choses qui existent. Tu sais, on est en Afrique, un continent mystérieux.

— Est-ce que tu connais quelqu'un qui pourrait nous aider dans ce sens ?

— Je connais quelqu'un qui pourrait certainement faire quelque chose. Tu sais, lors de mes premières années à Dakar, j'avais assisté à une scène inexplicable. Une personne qui trainait au centre-ville avec son oncle était subitement tombée en syncope. Ce qui attira l'attention des curieux qui accoururent autour de lui. Il avait perdu connaissance devant la foule affolée. Un des passants tenta de le sauver par un massage cardiaque, mais n'y parvint pas. Au bout de deux minutes, il conclut que la personne était morte. Elle était inerte ; ses signes vitaux, pouls, pressions, respirations indiquaient un arrêt. Mais l'oncle de la victime qui l'accompagnait n'y croyait pas. Il décida de l'acheminer à Thiès chez un sérère nommé Diambar Faye dont les connaissances et prouesses mystiques lui avaient fait gagner une très grande notoriété. Aussi invraisemblable que cela puisse paraître, je te jure, ce dernier, par miracle avait réussi à redonner vie au « mort » grâce à une poudre qu'il lui avait fait sniffer.

— Avais-tu assisté à la scène ?

— Non, mais même les médias en avaient parlé. Ne sois pas trop incrédule. Le sérère leur avait dit que le « mort » n'était pas réellement mort. Il était entre les mains des *dëm* c'est-à-dire les anthropophages qui allaient le bouffer si rien n'était fait.

— Tu ne rates jamais les sérères. Comme toi, moi aussi, il m'arrive de taquiner les sérères, car après tout, ils sont nos cousins à plaisanterie. Mais là, je t'expose mon problème qui est vraiment sérieux.

— Pourtant, je suis sérieux.

— Ne me prends pas pour un demeuré qui va croire en tout ce que tu racontes.

— Je t'assure que tout ce qu'on dit de ce vieux et des sérères de Thiès en général est étonnant. Ils maîtrisent la magie africaine. Tu sais, Thiès n'est pas loin. Elle est juste à soixante-dix kilomètres de Dakar, donc ce que je dis est facilement vérifiable. Il suffit de s'y rendre. Tu trouveras sa population principalement composée de wolofs et de sérères. Si tu leur demandes, ils te diront que les sérères font partie des premiers habitants de la localité et ont la réputation d'avoir des dons ou pouvoirs mystiques. J'ai même entendu dire qu'ils sont en mesure de maintenir des morts en « vie » plusieurs jours après leur décès. On dit que durant ce temps, « ces morts-vivants » perdent l'usage de la parole, mais continuent de marcher, de danser, de participer aux travaux champêtres jusqu'à ce qu'ils décident de les enterrer.

— Bon d'accord. Puisque tu insistes, j'irai voir. De toute façon, je n'ai rien à perdre. Maintenant, je ne vais plus rien négliger. Je ne connais pas bien Thiès, mais je vais me débrouiller. Dès demain, je m'y rendrai.

*
* *

Comme prévu, le lendemain, à la pointe de l'aube, Ousmane se réveilla avec l'intention ferme de se rendre à Thiès. Il se leva, prit sa douche, fit ses prières matinales habituelles et sortit de la maison en partance pour la ville connue aussi sous le nom de Capitale-du-rail. Une fois dans la rue, il pressa le pas jusqu'à sa voiture soigneusement garée la veille dans son parking. Il ouvrit la portière, s'installa confortablement devant le volant. Puis, il démarra sur les chapeaux de roue et accéléra en direction nord. Après une heure trente de route, il arriva à destination. Selon les indications qu'il avait, Diambar Faye habitait à l'entrée de la ville et était très célèbre. Il interpella la première personne qu'il croisa pour lui demander le chemin à suivre pour aller chez le visionnaire.

Diambar habitait dans un coin très accessible, à quelques encablures de la route principale. Âgé d'une cinquantaine d'années, il avait passé toute sa vie au village, où il s'occupait principalement des travaux champêtres et de l'élevage du bétail. Les connaissances qu'il détenait se transmettaient de génération en génération dans sa lignée maternelle. C'était une sorte de legs, un don que leurs ancêtres avaient tour à tour, jalousement conservé. Malgré sa petite taille, sa tête à moitié chauve, ses habits déchirés, il gardait une allure fière et était très respecté dans le village.

Des visites de cette nature, Diambar en recevait quasiment tous les jours. Des personnalités de tout acabit venaient lui soumettre leurs inquiétudes familiales, professionnelles ou sanitaires. Qu'ils soient politiciens, lutteurs ou simples élèves, il les traitait, tous, avec le même égard, ne tenant compte ni de leur valeur sociale, ni de leur valeur morale. Comme les autres accueils, celui réservé à Ousmane fut ordinaire, mais très cordial. Après de chaleureuses salutations, il l'entraina dans une case isolée de la maison pour un conciliabule. Il écouta avec intérêt l'objet de son déplacement. Mais avant même qu'Ousmane n'eût fini d'expliquer l'intégralité de son problème, il lui coupa la parole et commença à lui conter un récit sans complaisance sur le monde parallèle, invisible.

— Les créatures du monde parallèle, invisible, existent bel et bien. Et comme les humains, certains d'entre eux sont bons, alors que d'autres sont mauvais. Certains sont impitoyables, et capables des pires atrocités, mais ils ne peuvent pas s'attaquer à tous les humains. Ils deviennent impuissants face à une personne pure. Les femmes qui ne se couvrent pas la tête sont les plus exposées aux actes maléfiques de ces démons. Quand ils habitent quelqu'un, ils l'incitent à tenter des actions aussi incompréhensibles qu'inimaginables telles que le fait de vouloir dormir dans des cimetières, vouloir se jeter dans un puits, vouloir se brûler vif, bref des actes qui nous semblent dépourvus de lucidité.

Cette glose de Diambar donna à Ousmane des sueurs froides. Il resta bouche bée pendant un moment. Dans son esprit, il mesurait combien ces créatures pouvaient être méchantes et nuisibles à l'homme. Il était maintenant convaincu que sa femme était atteinte d'un mal causé par un être invisible et sournois qui lui faisait perdre ses bébés. Il fallait donc trouver la solution pour se départir de ce mal une fois pour toutes. Il poursuivit avec un ton interrogateur :

— Que dois-je faire maintenant ? Je pense que ma femme est vraiment atteinte.

De ses nombreux objets entassés à même le sol, Diambar prit une queue de bœuf séchée. Il l'agita énergiquement avant de la poser sur sa tête. Il sembla avoir des visions en parlant avec un interlocuteur invisible. D'habitude il agissait ainsi pour trouver un remède ou une personne qui l'avait chez qui il pourrait rediriger le client. Comme pour confirmer, il s'adressa à nouveau à Ousmane :

— Absolument, elle est victime de la colère d'une des familles de ces créatures invisibles qui en veut à son défunt père. Tu sais, il y a des actes apparemment anodins que les humains commettent, mais très répréhensibles par les créatures invisibles. Pour votre cas, de son vivant, ton défunt beau-père avait trahi une femme et maintenant vous en subissez les conséquences.

— Ah bon.

— Oui, oui. Bon maintenant, tu dois te rendre à Dioupi. C'est un village sérère situé entre les villes de Thiès et Tivaouane. Là-bas, vit une famille connue et reconnue dans la chasse des esprits maléfiques responsables de la souffrance de bien des humains. Il faudra y aller tôt, car ils sont très sollicités. Ils lui indiqueront des sacrifices qu'elle devra faire. Ta femme ne sera jamais heureuse tant qu'elle ne se soigne pas.

— D'accord, je le ferai le plus tôt possible. Merci.

Sans perdre de temps, deux jours après sa rencontre avec le grand mystique Diambar, Ousmane Sow prit l'initiative de se rendre à Dioupi. Il se réveilla tôt, prit sa douche, et sortit de la maison. Dans la rue, il avança d'un pas hésitant comme s'il était encore indécis. Il ouvrit la portière de la voiture et se positionna devant le volant. Au lieu de démarrer, il observa un instant de silence avant de commencer à murmurer « Les dirigeants de ce pays doivent faire des efforts. Je suis découragé chaque fois que je dois voyager. Pour effectuer la courte distance entre Dakar et Thiès, je suis obligé de mettre énormément de temps. Ce n'est pas normal. Cela est dû simplement aux mauvaises politiques de décentralisation qui ont abouti à la concentration de la quasi-totalité des activités mercantiles et professionnelles dans la capitale sénégalaise. Presque pour tout besoin administratif et économique, les gens doivent se rendre à Dakar. C'est ce qui explique la forte densité humaine qu'on y trouve. Par conséquent, cela va sans dire que la circulation routière y est particulièrement dense. Vraiment ce n'est pas facile. Mais, bon, je dois y aller ». Après ce petit moment de lamentation, il décida de partir. À peine dix minutes, il buta à la réalité des bouchons de la circulation. Il dut faire des séries de détours avant d'arriver au croisement Cambérenne pour prendre ensuite la route de Rufisque. Malgré cette déviation, il n'était pas au bout de ses peines.

La route principale, d'habitude dégagée à cette heure de la journée, était exceptionnellement bouchée ce jour-là. Un grand combat de lutte prévu dans l'après-midi devant mettre aux prises deux mastodontes de la banlieue avait entrainé un déferlement de leurs partisans sur la route. Toutes les grandes rues refusaient du monde. Les chauffeurs, pour ne pas courir le risque de voir leurs véhicules saccagés, prenaient leur mal en patience. La circulation routière était presque arrêtée.

Ousmane se lamentait d'avoir choisi une telle journée pour voyager. Il s'était douté, avant son départ, que la circulation allait être difficile pour sortir de Dakar, car cet évènement sportif avait fait l'objet de nombreuses publicités sur la presque totalité des chaines de télévision pendant les six derniers mois. Mais le besoin pressant de débarrasser sa femme de ce monstre qui était en train de s'emparer d'elle ne lui permettait plus de rester l'esprit tranquille. Il finit alors par relativiser ses regrets en se disant qu'il en ferait certainement autant s'il devait attendre un jour de plus.

Il fallait coûte que coûte rencontrer le sorcier de Dioupi pour en savoir plus sur les démons qui semblaient posséder sa femme et les moyens de les exorciser. Aucune minute ne devait être perdue tant qu'il n'aurait pas réglé le compte de cet esprit maléfique. Il était prêt à en payer le prix, quel qu'il fût. Au bout d'une heure, la marée humaine disparut comme elle était apparue et les voitures repartirent lentement avant de retrouver très vite le rythme normal.

Ousmane Sow continua son chemin, sans arrêt, jusqu'à l'entrée de la ville de Rufisque où il buta encore sur un léger embouteillage. À ce niveau, la route était partagée entre les vendeurs de poissons, les calèches et les voitures. Il patienta comme tout le monde avant de poursuivre son itinéraire. Pour le reste du trajet, tout se déroula à merveille jusqu'au village de destination.

Un homme, chargé d'organiser les clients, l'accueillit à l'entrée et lui indiqua l'endroit où il devait s'asseoir pour attendre son tour.

Pendant trois heures d'attente, il observait avec étonnement le nombre impressionnant d'entrées et de sorties des clients. On aurait dit que toute la population du pays était confrontée aux mêmes problèmes face aux êtres surnaturels. Il y avait trois sorciers occupant, chacun, une case où ils effectuaient les consultations. Devant chaque case, un attroupement de malades, tous les âges confondus, attendaient impatiemment leur tour. Certains étaient très agités, émettant des cris bizarres, d'autres déliraient. L'attention des gens était davantage retenue par des scènes pour le moins étonnantes : de belles filles malades qui parlaient avec un timbre vocal masculin. D'impressionnantes voix d'hommes qui sortaient de corps de femmes

Ce jour-là, malgré tous ses efforts, le sorcier n'accepta pas de consulter Ousmane, car il lui fit savoir que la présence de sa femme était obligatoire. Par conséquent, il lui demanda de passer une autre fois.

Deux jours plus tard, Ousmane décida à nouveau de se rendre à Thiès. Cette fois, il fut accompagné de Nafi. Pour éviter les longues heures d'attente, ils se levèrent très tôt. Vers sept heures et demie du matin, ils étaient arrivés à destination, mais il y avait déjà cinq personnes dans la file d'attente. Une heure s'était écoulée, lorsque finalement arriva leur tour. Le jeune homme jouant le rôle de préposé à la sécurité les informa qu'ils pouvaient rejoindre le sorcier.

Quand Nafi mit le pied dans la case, sa respiration faillit s'arrêter : Tant était impressionnant, voire monstrueux l'homme qui se tenait devant elle. Son visage était celui d'un être humain, mais ses narines s'ouvraient vers le ciel, sa bouche au lieu d'être horizontale était verticale, ses yeux placés en diagonale, ses oreilles poilues étaient longues comme celles des lapins. On aurait dit qu'il était mi-monstre, mi-humain. On ne le voyait jamais sortir de sa case et il avait des heures spécifiques pour rencontrer des gens. Quand il parlait, on pouvait voir sa bouche faire des mouvements, mais on entendait les paroles sous forme d'un écho provenant du toit de la case.

L'homme donna à Nafi une bassine remplie d'eau

colorée à la surface de laquelle flottaient des morceaux d'écorce de baobab. Il appela ensuite son assistant à qui il confia la tâche d'accompagner la jeune dame. L'homme, à l'expression faciale timide, aux bras musclés, la conduisit à un endroit situé derrière leur concession, spécialement aménagé pour les bains mystiques. Dans ce lieu, il y avait un terrain vague parsemé d'arbres et d'arbustes de toutes sortes ; à même le sol, des restes de cadavres humains et d'innombrables carcasses d'animaux innommables s'entassaient à perte de vue. Dès qu'on y accédait pour la première fois, on était inévitablement confronté à une crainte qui nous parcourait le corps avant de nous tordre les entrailles dans une douleur indescriptible. On pouvait entendre des cris d'animaux qui semblaient proches, mais qu'on ne voyait point. Dans cet endroit effroyable, Nafi, malgré les crampes qu'elle ressentait au niveau de son bassin, suivit son guide jusqu'à un point précis, à l'ombre d'un arbre. L'homme l'intima de se déshabiller et de se laver tout son corps avec l'eau qu'elle portait. Malgré la gêne suscitée par la présence de l'homme, elle s'exécuta. La peur au ventre, les yeux rivés sur son accompagnateur, l'esprit envahi par le souvenir du viol que le marabout de Guédiawaye lui avait fait subir. Elle se sentit fébrile et sans défense. Malgré le vent qui soufflait, elle poursuivit sa douche obligée en plein air. Cette phase terminée, l'homme lui communiqua une série de recommandations du sorcier : elle devait sacrifier un bœuf noir et le jeter à la mer en guise d'offrande à la famille de l'esprit maléfique, et adopter un enfant.

De toutes les indications du sorcier, l'adoption d'un enfant d'autrui était la plus inquiétante. Dans la cohabitation avec les galopins, Nafi avait déjà montré ses limites. Vraisemblablement, elle avait de la difficulté à vivre avec les mômes. En effet, ses fausses couches répétées faisaient naître la pitié dans son entourage amical et familial. Et, il arrivait souvent qu'un ami ou un parent lui confiât un de ses enfants pour qu'elle ne se sentît pas trop esseulée ; car, selon eux, la solitude pourrait faire naître dans son esprit de mauvaises pensées. C'était également leur façon de manifester toute leur compassion à son endroit. Malheureusement, Nafi était de nature à ne pouvoir vivre avec aucun enfant. Elle les terrorisait en leur imposant des travaux domestiques. Si par mégarde, ils commettaient des erreurs, elle les insultait puis les frappait. Son comportement sévère faisait fuir les enfants qui retournaient chez leurs parents, traumatisés par l'idée de devoir les quitter à nouveau.

Ousmane Sow tenait à ce que les instructions données par le sorcier fussent suivies à la lettre. Il ne perdit pas de temps pour faire les offrandes et sacrifices. Cependant, il était conscient que sa femme avait fait montre d'une maladresse notoire envers les bambins. Il se demandait « Où vais-je trouver cet enfant à adopter ? Nafi va-t-elle le supporter ? » Mais, après une semaine de réflexion, il se résolut de partir à Félata, pour tenter de convaincre les parents d'Abdoul, un de ses neveux, de lui confier l'éducation de ce dernier.

Félata avait une facette de son histoire dont on parlait peu, mais qui fascinait et étonnait plus d'un. En effet, ce village millénaire avait marqué les esprits d'une empreinte indélébile pendant la période coloniale. Malgré les violences inouïes, infligées par les forces étrangères aux populations récalcitrantes sur l'étendue du pays, les habitants de Félata avaient miraculeusement réussi à traverser sains et saufs cette époque de pure folie humaine grâce à leurs habiletés mystiques. Ils n'avaient pas d'armes de pointe, mais remportaient toutes les guerres. Leur stratégie était uniquement basée sur la maîtrise et la manipulation des forces naturelles. Ils avaient le secret de manier certains éléments de la nature, les contrôler et canaliser leurs énergies pour en faire des armes redoutables contre les assaillants.

Le chemin vers Félata était non seulement long, mais si tortueux et cahoteux qu'il fallait par moments marquer des pauses afin de reprendre des forces. Beaucoup de kilomètres non bitumés et de collines vallonnées dans un paysage hostile. Seul dans sa PAJERO, il pouvait, à travers les vitres, voir les animaux sauvages errant en pleine nature. Des lièvres, des oiseaux et d'autres espèces, dont il ignorait les noms, trainaient en petits groupes. Séduit par ce qu'il voyait, il pensa : « Pour faire la chasse, cette savane arborée est certainement un endroit idéal, mais elle est sans doute dangereuse pour un imprudent. » Puis, il se ressaisit et se concentra davantage sur sa conduite jusqu'au chemin latéritique qui mène au village.

À son arrivée, Ousmane n'était pas dépaysé malgré toutes les années qui s'étaient écoulées. Tout lui y était familier. Il connaissait bien ce petit coin qui l'avait vu naître et grandir. Les habitants parlaient un dialecte local qui était un mélange de peul et de wolof qu'il comprenait parfaitement. Les longues années passées dans la capitale sénégalaise ne lui avaient pas fait oublier ni le mode de vie du patelin ni les noms des amis et proches.

Dans son apparence, le cadre géographique n'avait pas non plus subi de changement. Le village était toujours délimité par les mêmes buissons touffus et mal éclairés le soir. Des palissades en tiges de mil séparaient les concessions. Les logements pour l'essentiel étaient composés de cases en pailles avec des toits en chaume. De petits troupeaux d'animaux domestiques, chèvres, moutons erraient çà et là entre les cases. Les enfants nus et les femmes, presque toutes, à moitié nues, le pagne autour des hanches, les seins exposés à la merci du vent, du soleil et du regard indiscret des hommes, n'arrêtaient pas de faire mille et une choses. Les hommes, aux pantalons bouffants et habits chauds malgré la chaleur, faisaient montre d'une solidarité et d'une complicité dans toutes leurs activités. Chaque jour, après les travaux champêtres, ils se réunissaient à l'ombre d'un grand arbre discutant amicalement sur divers sujets.

Après deux journées, Ousmane Sow rencontra en privé sa sœur et son beau-frère pour leur faire part des raisons de sa visite.

— Vous savez Abdoul est mon neveu. Vous êtes certes ses parents, mais sa réussite comme son échec importe beaucoup pour moi. Maintenant, j'ai une situation acceptable à Dakar et j'aimerais l'avoir sous mon aile. Ainsi, je l'assisterai pour qu'il étudie. Je veux m'occuper de sa formation et je vous assure qu'il sera mis dans d'excellentes conditions. En plus des retrouvailles que je désirais tant, voilà la principale raison de mon voyage.

— Ton ambition est noble. Nous t'en remercions. Mais, comme tu le sais, bien que nous soyons ses parents, l'organisation sociale du village veut qu'on en parle aux notables. Leur décision sera la nôtre. Telle est la coutume et nous n'osons pas l'enfreindre. J'en parlerai demain au chef du village, fit le père d'Abdoul

Le lendemain, une grande rencontre eut lieu sous l'arbre à palabre. La requête fut exposée devant le conseil du village. Elle fut traitée, mais malheureusement refusée à l'unanimité. Le chef avait résumé la pensée du groupe en disant : « Nos ancêtres n'apprécient pas que nos enfants quittent ce village. Ils sont partis, mais gardent toujours un œil sur notre fonctionnement. Le travail qu'ils ont réalisé pour maintenir ce village en vie doit être perpétué. Le village est sujet à des règles occultes que les non-initiés ne comprennent pas. Quiconque les déroge en subira inévitablement les fâcheuses conséquences. Si nous donnons notre aval, la foudre nous frappera, s'il part de son gré, il en pâtira. Il est prouvé que tous ceux qui ont déserté le village pour la ville n'y sont pas revenus sains et saufs. »

Au sortir de cette rencontre, Ousmane était complètement découragé. Il repensait à ce même discours qu'on lui avait servi lorsqu'il s'apprêtait à quitter le patelin. « Tu finiras mal. » lui avait dit le chef. Et pourtant, malgré les menaces, il était parti et ses affaires prospéraient bien à Dakar. Cette réponse était, à ses yeux, complètement absurde et relevait de l'empirisme ou de la superstition. Il considérait les propos du chef comme de simples balivernes qui ne devaient en aucun cas constituer une entrave à sa mission. L'avenir de son couple était menacé et les arguments du chef peu convaincants. De ce fait, il refusa de s'avouer vaincu.

À la tombée de la nuit, Ousmane Sow décida, encore une fois, de rencontrer en catimini les parents d'Abdoul. Brandissant l'argument des opportunités qu'aurait leur fils une fois à Dakar, il parvint à les convaincre. Persuadés, ces derniers décidèrent d'aller à contre-courant du conseil du village en acceptant à leurs risques et périls la proposition d'Ousmane Sow. Ainsi, deux jours après cette assemblée, l'oncle et le neveu quittèrent Félata pour la capitale.

7

L'ambition d'une mère pour son enfant ne saurait justifier le comportement maladroit de cette dernière vis-à-vis de l'enfant d'autrui.

Ousmane Sow était à moitié satisfait. Il venait d'informer le sorcier que la dernière recommandation était accomplie. Désormais, il vivait avec Nafi et le jeune Abdoul. Il avait fait tout ce qui était à son pouvoir pour dénouer la situation. Désormais, tel un élève qui venait de terminer son examen, il était dans une phase infernale d'attente de résultats. La mayonnaise du sorcier de Dioupi allait-elle prendre ? Il était confiant et surtout rassuré du nouveau comportement de sa femme qui s'évertuait à couvrir le jeune garçon d'amour et de gentillesse. Il la voyait faire des efforts exceptionnels pour que l'enfant ne fût pas déçu et ne fuguât pas comme les autres.

Ce jour-là, Ousmane était rentré tard du travail. Il trouva sa femme allongée sur le divan, regardant religieusement le journal télévisé. Il la salua, puis la dévisagea comme s'il soupçonnait que le moindre de ses gestes pouvait cacher un secret. Et sur un ton déterminé, il lui dit :

— Je sais que ce n'est pas dans ta nature, mais les circonstances l'exigent. Tu dois faire des efforts pour supporter cet enfant. Si tu veux te départir de ces esprits maléfiques, il faut que tu te conformes aux recommandations du sorcier. Abdoul est l'enfant dont la présence est nécessaire pour que l'être invisible puisse te pardonner. Sois sympathique envers lui.

Elle sourit avec bienveillance avant de répondre.

— Ne t'inquiète pas. Je ferai tout pour remplir les conditions, dit Nafi.

Ousmane s'assit à côté d'elle, et l'observa avec un regard rempli d'amour avant de poursuivre.

— Tu sais, je t'aime. Le sorcier m'a dit que l'esprit maléfique qui te torturait est l'un des plus sanguinaires, des plus redoutables. Il se nourrit essentiellement de sang : humain ou animal. À défaut de l'un ou l'autre, il utilise le sang de menstruations ou de fausses couches des femmes pour assouvir sa soif.

Nafi ouvrit ses yeux pétillants de frayeur.

— C'est grave. Alors c'est difficile de lui échapper puisqu'il doit se nourrir pour vivre.

Ousmane se leva, fit deux pas vers la porte.

— Absolument, mais heureusement, il ne touche pas n'importe qui. Il s'occupe seulement de ceux qui maltraitent les enfants. Et, Dieu sait qu'ils sont nombreux. Dans ton cas, le sorcier m'avait demandé de sacrifier un bœuf, ensuite de le jeter à la mer et de verser son sang au milieu d'un terrain nu en guise de compensation. Il a juré qu'une fois ce sacrifice effectué, l'esprit t'épargnera de tous ses méfaits sauf si tu infliges à nouveau des sévices à des enfants. C'est une sorte de pacte qu'il a signé avec lui.

Nafi réfléchissait pendant que son mari expliquait. Elle se rendit compte que ce n'était pas le retour de l'esprit qui jouait le rôle d'amant invisible, mais d'un autre. Celui-ci, loin d'être un malfaiteur anodin, était plutôt le défenseur des enfants. Il n'avait affaire qu'avec ceux qui maltraitent les enfants

Ousmane Sow rompit son hésitation et enchaîna.

— Je vais te raconter exactement ce que j'ai appris du sorcier. Je ne veux pas t'effrayer, mais c'est bon de le savoir. Il m'a dit que les êtres du monde parallèle voient les humains, mais ces derniers sont incapables de les voir.

— Cela veut dire qu'on cohabite avec eux. Peut-être qu'il y en a même un à côté de nous présentement.

— Oui bien sûr. Ces créatures vivent en familles comme les humains, avec chacune sa spécialisation dans un domaine bien défini. Il y en a qui rendent les hommes impuissants, d'autres les femmes stériles, d'autres encore qui causent des handicaps et divers autres dommages. Bref, beaucoup de maladies chez les humains sont causées par ces êtres invisibles. Ils sont à l'origine de ces maux, soit pour défendre leur territoire injustement occupé par les hommes, soit pour défendre des principes comme c'était le cas du génie qui t'attaquait, car il n'aimait pas ton comportement envers les enfants. S'ils sont fâchés, ils se défoulent sur les humains.

— Comment parvient-il à savoir tout cela ? Le sorcier est humain comme nous, alors comment communique-t-il avec des invisibles ?

— Certains humains ont le pouvoir de pénétrer ce monde invisible. Ils ont les connaissances pour communiquer et comprendre ce dont ces êtres surnaturels ont besoin pour arrêter de causer du mal aux êtres humains vulnérables.

— C'est difficile pour moi de croire que je subissais le courroux d'un être invisible qui n'appréciait pas mon comportement envers les enfants. Mais, je n'ai pas le choix. Comme la présence de l'enfant et ma bonne attitude envers lui constituent la solution, je vais m'y conformer. On verra. Maintenant, je suis dans l'obligation de changer mes habitudes afin que mon bourreau soit content et clément envers moi.

— Nafi, tu dois avoir un cœur vaillant envers les tout petits. Même s'il ne s'agissait pas d'une recommandation de la part du sorcier. Pour ta satisfaction personnelle, tu dois comprendre que tous les enfants du monde méritent amour et attention. Comme on aime son enfant, on devrait aimer ceux des autres. Ils sont tous des trésors de Dieu. Il nous les confie. On ne les choisit pas. On ne peut prévoir leur avenir. C'est pourquoi il faut éviter de penser que seul son enfant mérite protection et bonheur. Cette erreur courante, que beaucoup de parents ont tendance à commettre, est inacceptable. Je comprends pourquoi certains esprits du monde invisible répriment sévèrement de tels actes.

— Il paraît qu'ils peuvent aller jusqu'à tuer.

— Bien sûr, ils voient, en ces maltraitances, l'égoïsme et l'hypocrisie de l'être humain. Leur façon d'agir dépasse quelquefois en atrocité, notre entendement. Certains agissent en détruisant des grossesses, d'autres en faisant commettre des accidents mortels. Mais ils ont presque tous la même motivation : décourager et pousser leurs victimes au désespoir.

Nafi jura qu'elle se contrôlerait. Depuis ce jour, elle surveillait tous ses faits et gestes envers les enfants. Et quelque temps après, ses efforts commençaient à porter des fruits. À force de respecter les consignes du sorcier, elle constatait que ses rêves érotiques diminuaient. Un an, jour pour jour, après sa visite chez le sorcier, comme si son corps suivait une certaine horloge mystérieuse, elle sentit ses seins se durcir avec des tétons de plus en plus sensibles. Même si elle ne vomissait pas, elle avait une petite nausée au réveil qui changeait son humeur. Elle connaissait déjà ses signes annonciateurs d'une grossesse. Pour en avoir le cœur net, elle ne perdit pas de temps pour effectuer le test de confirmation. Nafi venait d'être à nouveau enceinte. Cependant elle se jura de rester discrète tout le long de la gestation afin de se prémunir du mauvais œil. Elle ne sortait que par extrême nécessité ou pour répondre à ses rendez-vous médicaux. Même si elle parlait régulièrement au téléphone avec Fanta, elle se garda d'abord dans leur conversation tout ce qui avait trait avec les métamorphoses que subissait son corps. Cette cinquième fois fut la bonne. Neuf mois plus tard, elle accoucha d'une fille baptisée Sagar Sow.

Le prénom Sagar n'était pas fortuit. Il émanait de conseils reçus de sages du quartier profondément ancrés dans les traditions et cultures locales. D'après leurs expériences, le choix du prénom revêtait une importance capitale pour épargner l'enfant de l'emprise des esprits invisibles et le maintenir en vie. Dans la langue Wolof, ce prénom signifie un morceau de tissu sans grande valeur. Il était de coutume de donner des prénoms de ce genre comme Sagar, Kenbougoul, Doufi Yendou, etc., à des enfants dont les parents, avant de les avoir, perdaient des grossesses ou nourrissons de façon répétitive. Selon la croyance populaire, cette sorte de malédiction appelée *yaradal* était causée par des esprits maléfiques. Toutes les femmes victimes de *yaradal* étaient soumises à des pratiques rituelles durant leur grossesse pour exorciser ce mal. Après l'accouchement, le traitement se poursuivait pour la protection du nouveau-né qui était soumis aux mêmes rites que sa mère pour obtenir la bénédiction des génies bienfaiteurs. Parmi les recommandations à respecter figurait l'octroi de l'un des prénoms précités au bébé.

Deux semaines après la naissance de sa fille, Nafi et Ousmane se rendirent chez Fanta pour lui montrer le bébé en guise de reconnaissance. Histoire de pousser l'émotion à son paroxysme, ils optèrent pour une visite à l'improviste. Mais, à leur arrivée, ils furent très surpris de constater l'absence de Fanta dans la maison. Kader les accueillit timidement et leur raconta toute l'histoire et la honte que son ex-femme lui avait fait subir. Le couple n'en croyait pas ses oreilles.

En remontant le temps et en faisant les recoupements, Nafi s'arrêta sur un fait marquant. Elle remarqua que le jour de l'assemblée des femmes coïncidait avec celui de ses déboires suite à son avortement. Elle en déduisit donc que, « Si Fanta n'y était pas présente, ce n'était guère par mauvaise foi ou par refus de restituer la somme due, mais plutôt parce qu'elle compatissait à ma douleur. » Elle attira l'attention d'Ousmane sur cette incohérence dans le récit de Kader Diop. Contrairement à la rumeur, ce jour-là, Fanta l'assistait et l'aidait à traverser ses moments difficiles. Elle fut peinée d'apprendre que cet évènement malheureux était à l'origine du basculement de la vie de sa tante qui par pudeur et par pitié n'avait jamais voulu lui en parler.

Sans perdre de temps, Nafi et Ousmane partirent à la recherche de Fanta qui, depuis sa séparation, endurait en silence ses peines et sa solitude dans une modeste chambre qu'elle avait louée dans la banlieue. Lorsqu'ils la trouvèrent, atteinte dans son orgueil, elle opposa un refus de retourner chez Kader. Mais après une bonne heure de négociation, ils parvinrent à la convaincre de revenir dans son foyer. Ensuite, Ousmane Sow paya intégralement aux femmes l'argent qu'elles réclamaient et fit accepter à Kader de reprendre sa femme et de faire la sourde oreille face aux langues de vipère.

Les années passèrent, Abdoul et Sagar grandissaient vite, mais avec des comportements différents. Nafi faisait tout pour les mettre à l'aise. Elle ne voulait pas que les mauvais esprits s'attaquent à nouveau à elle. Elle se devait de prouver qu'elle était capable d'aimer les enfants et de vivre correctement avec eux. Abdoul travaillait bien à l'école. Son oncle appréciait bien le dévouement et la motivation dont il faisait montre à son âge assez jeune. Il voyait en lui un moyen de se rattraper.

Malgré sa réussite spectaculaire dans le commerce à Dakar, Ousmane Sow trainait toujours le regret et le complexe de ne pas avoir eu la chance d'avoir été à l'école. Les résultats scolaires de son neveu lui procuraient un immense plaisir. Nafi aussi était fière de voir que le jeune garçon se débrouillait très bien à l'école. En tant qu'enseignante, elle l'aidait à faire ses différents exercices. « C'est une bonne chose d'avoir un garçon comme Abdoul chez nous, car il va sûrement inspirer notre fille Sagar lorsqu'elle commencera l'école. » Disait-elle.

Quelques années plus tard, Sagar atteignit l'âge pour débuter l'école primaire. Comme tous les enfants, elle fut inscrite à la même école qu'Abdoul. Contrairement à son cousin, elle ne manifestait aucun enthousiasme. Dès l'entame, elle montrait des signes de désamour avec les études.

Nafi était expérimentée dans la formation et le

développement des enfants, Elle ne perdait pas espoir. Elle savait qu'avec certains élèves, la patience était nécessaire. Confiante, elle se disait que sa fille, tôt ou tard prendrait conscience et se concentrerait mieux dans les études.

Mais Sagar restait distraite et ne parvenait toujours pas à suivre en classe malgré les efforts de sa mère et même ceux d'Abdoul pour la soutenir. Son manque d'attention devenait de plus en plus inquiétant et commençait à tarauder l'esprit de sa mère. Chaque fois qu'elle entendait parler de marabout fournisseur de potion magique pouvant rendre un enfant plus intelligent, elle partait le trouver.

Les années passèrent et les différences de comportement entre les deux enfants se confirmaient de plus en plus. Abdoul était un bon élève, tandis que Sagar était faible à l'école.

Nafi commençait à avoir du mal à accepter cet état de fait. Le plaisir d'être mère était toujours présent, mais celui d'une mère heureuse et fière de sa fille s'amenuisait de jour en jour. Sagar n'était pas à la hauteur des attentes scolaires placées en elle. Sa maman qui lui voulait une brillante carrière était déçue. Dans ses moments de solitude, elle repensait incessamment aux sacrifices et efforts qu'elle avait déployés avant de la mettre au monde. Les charlatans, les fausses couches, les douleurs pendant les grossesses, l'accouchement, tous ces évènements lui passaient souvent à l'esprit. Et il lui arrivait de se demander : « Quel est le sens d'avoir des enfants ? ». La plupart du temps, elle répondait tout bonnement : « s'attirer des problèmes dans la vie… augmenter ses soucis ».

Découragée, elle prit finalement la résolution de se focaliser sur ses propres activités et de reléguer l'encadrement des enfants au second plan. Elle n'avait plus confiance en Sagar et sa jalousie lui faisait croire qu'elle encadrait le fils d'autrui qui pourrait lui tourner le dos une fois ses études terminées.

Dans ce cas, ce serait peine perdue. Un sentiment douloureux commençait à la gagner. De plus en plus, la différence de comportement des deux enfants devenait insupportable. Les bonnes appréciations des enseignants faites à Abdoul et les mauvaises à sa propre fille lui crevaient le cœur. « Si je ne fais rien, il réussira », marmonnait-elle. Et, elle commença alors à lui mener la vie dure. Elle lui demandait de faire toutes les commissions de la maison et aussi des petits travaux domestiques. Elle ne voulait plus lui donner ni la possibilité d'apprendre ses leçons ni le temps de se reposer.

Abdoul était maintenant en dernière année d'école primaire. Il subissait les agissements honteux de sa tante qu'il avait toujours du mal à comprendre. Cependant, il gardait toujours sa sérénité. Cela ne changea rien à ses motivations, il restait consciencieux et travailleur. À la fin de l'année, il réussit avec brio au concours d'entrée en classe de première année du secondaire.

Le désamour entre Sagar et les études grandissait de plus en plus. Malgré le favoritisme flagrant et ingrat de sa mère, elle était toujours la lanterne rouge de sa classe. Améliorer ses résultats scolaires était le cadet de ses soucis. Elle passait le plus clair de son temps à regarder la télévision.

La différence de traitement entre les enfants faisait souffrir énormément Ousmane Sow. Il avait du mal à comprendre qu'une mère de famille puisse se comporter ainsi. Malgré ses tentatives de la rappeler à la raison, Nafi persistait dans ses pratiques malsaines. Son envie maladroite continuait de l'aveugler. Elle avait complètement oublié les conseils du sorcier qui lui avait dit « Si tu veux la réussite de ton enfant, aie un cœur vaillant vis-à-vis de l'enfant d'autrui ». Elle dépensait son énergie à essayer de freiner l'évolution du jeune Abdoul. Ousmane Sow s'interrogeait : « quelle est cette méchante femme ! » Il lui arrivait même de penser au divorce et de partir vivre avec Abdoul ailleurs, mais son attachement inconditionnel à Nafi le retenait toujours. Son cœur ne cessait de balancer entre le besoin de protéger son neveu et son amour envers sa femme. Mais, l'amour l'emportait toujours sur les principes et il finissait par se résigner.

8

L'obsession est une maladie grave. Elle peut aller jusqu'à affaiblir les facultés sensorielles de l'individu. En plus de réduire son champ de vision, elle peut le condamner à une ouïe sélective.

Sagar avait grandi avec un esprit de « princesse gâtée ». Le monde chimérique dans lequel elle évoluait lui donnait l'illusion que tout ce qui lui plaisait était permis. Aucune contrainte ne devait s'exercer sur elle. À l'école, les exigences des enseignants lui étaient insupportables et l'énervaient. Elle ne faisait aucun de ses devoirs et avait toujours un alibi pour justifier ses manquements.

Maintenant adolescente, elle s'intéressait davantage aux soins corporels et à sa beauté qu'à la quête du savoir. Se maquiller, s'embellir et s'exhiber étaient au centre de ses préoccupations. Ses distractions de jeune fille avaient relégué ses études au second plan. Or, les études sont comme un amant jaloux, elles ne tolèrent pas le partage. Un enfant en âge d'apprendre doit éviter de disperser ses forces. Sagar était loin de cette ligne de conduite. Distraite et peu soucieuse de son avenir scolaire, les mauvaises notes qu'elle récoltait la laissaient de marbre. Et, par manque de niveau, elle reprenait presque toutes les classes. Cela la décourageait et faisait qu'elle rejetait l'école qui était finalement le seul endroit où elle avait une image écornée de sa personne.

Sagar était à deux doigts de l'exclusion. Mais, enfermée dans sa bulle d'insouciance, elle n'était nullement affectée ou troublée par cette menace planant au-dessus d'elle.

Face à cette situation, sa mère était en permanence au bord des larmes. Les piètres résultats de sa fille l'avaient complètement minée. Elle avait tout essayé pour la pousser à l'excellence dans les études, mais celle-ci manquait de volonté. Elle se sentit impuissante face à cette réalité et accepta finalement la faiblesse et l'inaptitude de sa fille. Elle ne trouvait plus aucune nécessité de l'encourager puisqu'elle refusait de faire des efforts. Elle dissipa son désespoir en se disant que de toute façon le destin d'une fille était le mariage.

Désormais, l'encadrement des enfants n'était plus sa priorité. La nature ayant horreur du vide, son temps était rempli par les activités associatives des femmes du quartier. Elle s'était résolue. « Désormais, je vais être active dans les mouvements associatifs. Les études de Sagar ne valent plus la peine. » Disait-elle.

À ce moment partout au Sénégal, les associations

féminines, communément appelées *mbootaays*, poussaient comme des champignons. Elles étaient le lieu d'expression de la solidarité et de l'amitié entre les femmes. Friandes des fêtes et d'autres mondanités, les femmes, souvent peu dotées en ressources financières, avaient mis en place cette forme d'organisation pour s'entraider pendant les cérémonies. Ainsi, lorsque survenait un évènement malheureux ou heureux tel que le deuil ou le baptême, les membres se cotisaient pour aider la concernée à faire face aux nombreuses dépenses liées à cette circonstance.

Nafi décida d'intégrer l'association du quartier. Quelques jours après son adhésion, elle remarqua la naïveté des femmes dont la plupart avaient des niveaux d'instruction très bas. Très vite, son statut d'enseignante, de femme instruite et autonome la propulsa au sommet de l'association, avec à la clé d'importantes responsabilités. Elle trouvait un réel plaisir de se voir entourée de femmes qui lui vouaient une confiance aveugle. En plus, elle recevait régulièrement les visites des politiciens qui lui tressaient des lauriers pour avoir son soutien. Ce qui donnait l'illusion d'une valorisation sociale. Sa taille imposante et sa façon de s'habiller faisaient d'elle, une « *drianké* » accomplie. Les femmes l'appelaient mère Dridri, à son grand bonheur. Elle s'y plaisait. Elle était devenue le centre d'intérêt des femmes et des hommes politiques. Il ne se passait plus une semaine sans qu'elle ne fût sollicitée pour un programme : baptême, rassemblement politique, ou funérailles. De jour en jour, son temps pour la famille s'effritait à cause de ses innombrables engagements. Elle était mêlée à diverses activités qui reléguaient sa famille, l'encadrement et l'éducation des enfants au second plan. Son désir immodéré de notoriété avait pris le dessus sur tout. N'en déplaise à son mari. Elle avait perdu cet œil maternel et attachant et ne s'occupait plus ni de son époux ni de sa fille.

*
* *

La métamorphose de Nafi n'était guère du goût d'Ousmane Sow. Non seulement elle était de moins en moins présente à ses côtés, mais elle ne se séparait presque jamais d'un jeune lutteur aux bras supra-musclés qui la suivait comme son ombre dans tous ses déplacements. Elle avait présenté cet athlète comme son bras droit qui assurait sa sécurité contre d'éventuels malfaiteurs ou nervis souvent à la solde d'opposants véreux pour brutaliser et castagner leurs adversaires lors des rassemblements politiques. En plus, elle rentrait souvent tard à la maison sans donner la moindre explication à son mari. Et, par jalousie, Ousmane en souffrait énormément. Il suspectait ce lutteur sans succès dans l'arène de se consoler avec sa femme en jouant le double rôle de garde du corps et d'amant. L'idée, que Nafi se servait de ses activités associatives et politiques comme alibi pour le tromper avec ce supposé gigolo, avait germé dans sa tête et le torturait farouchement. Cependant, par égard, il dissimulait ses soupçons. Mais, un méchant doute avait rempli son esprit, l'empêchant constamment de dormir sur ses deux oreilles. Devenu insomniaque, comme l'illustre cette nuit là qu'il passa à marmonner : « Je n'en reviens toujours pas. Jadis, Nafi était obsédée par le pressant désir de se marier. Une fois cet objectif atteint, ses pensées s'étaient tournées vers l'obtention d'un enfant. Après plusieurs tractations, le seigneur nous a gratifiés d'une belle fille. La logique aurait voulu qu'elle attachât une grande importance à ces deux cadeaux de la providence... Mais, contre toute attente, elle semble ne plus y attacher la même importance qu'elle y mettait pendant le temps où elle en rêvait... Elle a plutôt donné un autre sens à sa vie. Maintenant au centre de ses préoccupations figurent ses nouvelles activités associatives. Cela semble incompréhensible. Cependant, à y voir de plus près, on dirait que cette attitude s'inscrit dans le comportement naturel des êtres humains. L'Homme a une petite ingratitude qui se manifeste en fonction des circonstances. Il a la mémoire courte. À chaque instant de sa vie, il est confronté à une quête effrénée de satisfaction dans tout : sexe, amitié, argent, projet... Mais une fois l'objectif atteint, celui-ci perd sa valeur. Pour conquérir une belle femme ou un beau bonhomme, acquérir une belle maison ou une voiture de luxe, l'Homme est prêt à soulever des montagnes, mais, une fois qu'il les obtient, la valeur qu'il leur avait accordée baisse à ses yeux. L'excitation engendrée par la poursuite d'un objectif stimule sa vie. Ce qui explique qu'il soit en permanence orienté vers de nouvelles conquêtes. Chaque besoin satisfait ouvre la porte à d'autres. Préserver les acquis tout en gardant un œil sur les ambitions, constitue le vrai défi. Mais peu d'individus en sont capables. Il y en a qui sont tellement focalisés sur ce qui leur manque qu'ils en oublient ce qu'ils possèdent déjà. Ce sont d'éternels insatisfaits, de véritables obsédés, avec des ambitions démesurées qui les privent de sommeil, de nourriture et même de relations humaines. Tels des chevaux portant des œillères, leur vision étroite ne peut pas aller au-delà de leurs propres objectifs. Ils sont insatiables et ne prennent jamais le temps d'apprécier leurs acquis, car leurs yeux sont en permanence braqués sur ce qu'ils n'ont pas encore. »

Ce virus de la quête permanente de satisfaction avait troublé la tranquillité de Nafi. Ne fût-ce qu'une minute elle était incapable de prendre, de mesurer et d'apprécier les bons moments qu'elle pouvait passer avec un mari fou amoureux, une fille qui grandissait et un neveu adorable. Désormais tous ces acquis comptaient peu à ses yeux. Une seule idée l'obsédait : avoir davantage de célébrité.

Ousmane avait de plus en plus du mal à subir le comportement irrespectueux de sa femme. Régulièrement, il tentait de la raisonner afin qu'elle prît conscience de sa déviance conjugale.

— Nafi, tu dois surveiller et diminuer tes sorties, lui disait-il.

Spontanément, cette dernière répondait :

— Pourquoi ? J'ai des engagements à respecter…

— Oui, je sais. Mais tu dois aussi donner le bon exemple à ta fille, enchaînait Ousmane.

— Que veux-tu dire par là ?

— Je suis assez clair, concluait-il un peu énervé.

La conversation finissait toujours en queue de poisson. Ousmane se sentait impuissant et en souffrait énormément. Mère Dridri avait son idée préconçue qu'elle se répétait après chaque altercation avec Ousmane. « Je honnis les hommes jaloux et possessifs qui, loin de soutenir leur femme dans leur entreprise, les contraignent à la résignation, au renoncement. Je ne plierai pas à ses pressions. » Murmurait-elle. C'était décidé. Pour rien au monde, Nafi ne changerait ses plans ne fût-ce qu'un atome.

Ousmane Sow était un homme ambitieux. Sa réussite dans le commerce n'avait rien de miraculeux. C'était principalement le fruit d'un dur labeur, d'une grande motivation et d'un désir toujours marqué par l'idée d'aller de l'avant. Son seul handicap était ses carences dans la manipulation de la langue de Molière. Il butait de temps à autre sur des situations où il aurait voulu bien parler le français dans ce pays où cette langue pouvait aider à la promotion sociale. Ces lacunes, qui le tourmentaient en silence, nourrissaient en lui, l'envie de tout faire pour que sa progéniture fût bien encadrée et formée. Malheureusement, il voyait le déclin de sa fille et était incapable de conscientiser sa femme. Il se disait : « Nafi va contribuer à l'échec de sa propre fille. Elle ne sait pas que l'amour excessif d'une mère envers son enfant est un couteau à double tranchant. Il le rassure en lui garantissant une protection sans faille, mais peut également inhiber ses sens de la débrouillardise et de l'initiative personnelle sans lesquels son avenir est compromis. Il peut être une illusion qui donne à l'enfant la fausse idée qu'il est au centre du monde et que tout lui est permis. »

Abdoul était sur la bonne voie. Très attaché aux études, il faisait toujours partie des meilleurs élèves de sa classe. Le refus de décevoir son oncle ou ses parents restés au village était manifeste. Contrairement à certains de ses camarades de classe qui discutaient souvent d'habillement et de mondanité, sa seule préoccupation était de passer en classe supérieure. Il portait souvent son accoutrement favori constitué d'un pantalon jean bleu et d'un *Tee-Shirt* blanc qui, finalement, faisaient partie de son identité. Il ne se lassait jamais, dormait toujours tard et se levait tôt pour réviser ses leçons.

Les années passèrent, Abdoul était maintenant en classe de première. Il savait déjà ce qu'il voulait. Réussir son baccalauréat l'année suivante et aller à l'université étaient au centre de ses rêves.

Ousmane Sow éprouvait beaucoup d'estime et de considération pour son neveu et il ne le cachait pas. Le dévouement du jeune lui procurait un immense plaisir et une fierté manifeste. Malgré son long séjour en ville, le sens traditionnel, qu'il avait des relations oncle-neveu n'avait subi aucune altération. Dans le village, tôt dans sa jeunesse, il avait appris que les neveux jouissaient d'une place privilégiée. Selon leur coutume : il est toujours sûr qu'on est l'oncle de notre neveu. Par contre, en l'absence d'analyse d'ADN, on ne peut pas affirmer avec force qu'on est le père de son enfant. De ce point de vue, aux yeux des hommes, le poids du neveu devenait plus important que celui du fils dans le village.

*

* *

Ce soir-là, Ousmane rentra à la maison un peu plus tard que d'habitude. Contrairement aux autres jours, il y avait quelque chose d'étrange qui se lisait sur son visage. Il se dirigea à son bureau à l'étage où il invita son neveu à le rejoindre par un signe de la main. Dans le confort et l'intimité de la pièce, il l'encouragea longuement à poursuivre sa lancée. Il lui fit également quelques confidences et insista surtout sur les conseils en terminant par :

— Respecte toujours ta tante. Ne te dispute jamais avec elle. Tu vois tous les efforts que je fais pour la rendre heureuse, mais elle se comporte étrangement. Des fois, je me demande si elle n'est pas victime d'une malédiction.

— Tu as raison Tonton, on ne sait jamais, répondit Abdoul.

— Je ne la comprends pas. Elle a un travail, un mari riche et aimant, une belle maison, de beaux enfants, mais elle ne semble jamais satisfaite. J'avoue qu'elle me fait souffrir, mais je vais la supporter par amour. Je sais qu'elle est difficile, mais si tu n'as pas de réponse à ses questions, ne dis rien. D'accord ?

Ousmane prit une trentaine de minutes à raconter à Abdoul le passé mouvementé de sa tante. Il ne laissa

159

aucun détail avant de conclure en lui disant :

— Tu vois. Je sais que sa vie n'a pas été un long fleuve tranquille, c'est pourquoi j'essaie de la ménager. Tu vois ce que je veux dire.

Inquiet par le ton pathétique de son oncle, le jeune homme acquiesça de la tête et répondit :

— Oui tonton, c'est bien compris.

Comme s'il avait senti quelque chose, une certaine tristesse inexplicable parcourut tout le corps encore frêle du jeune garçon. Il se leva, regarda avec étonnement son oncle puis rejoignit sa chambre. Allongé dans son lit, au milieu des couvertures douillettes, le timbre de la voix de son oncle occupait ses pensées. Dans la nuit noire et silencieuse de sa chambre, il s'inquiétait : « Mon oncle aurait-il pressenti quelque chose. J'ai l'impression qu'il a une prémonition qu'il ne veut pas partager… ? » Au bout de quelques minutes, ces interrogations furent subitement interrompues par un profond sommeil.

9

Si un père de famille à faible revenu vit l'enfer de devoir satisfaire deux femmes ou plus, d'entretenir des adolescents sans revenus et de petits enfants du primaire alors même le malheur de perdre un ami ou un frère riche apparaît à ses yeux comme une occasion de sortie de crise à exploiter.

L'été battait son plein. Une vague de chaleur étouffante s'abattait sur la ville. Même à l'ombre, les températures dépassaient les normales de saison. Les lamentations sur la canicule alimentaient les sujets des conversations. Les gens restaient dehors jusqu'à une heure tardive pour profiter de la fraîcheur de l'air ambiant avant de rejoindre les chambres non climatisées qui semblaient être le refuge de la chaleur. Malgré ces conditions climatiques particulièrement difficiles, Ousmane Sow n'avait rien changé à son rythme de travail habituel. Pourtant, la dernière fois qu'il avait vu son médecin, ce dernier lui avait prescrit un repos médical. Il l'avait trouvé très fatigué et l'avait averti des risques d'accident vasculaire cérébral auxquels il était exposé. Ses signes vitaux : température, pression, rythme cardiaque affichaient des valeurs qui dépassaient la normalité. Mais, en cette période de l'année, les commandes étaient à leur paroxysme et la quête effrénée de profit lui avait fait oublier les consignes du médecin. Il maintint son rythme encore pendant une semaine. Le mardi de la semaine suivante, pendant que l'aube se substituait subtilement à la nuit et que le premier appel du muezzin, telle une sonnerie, retentissait et se propageait dans l'air matinal du quartier, appelant les fidèles à la prière, Ousmane Sow se leva, mit ses sandales et se dirigea vers le portail de la maison. Il fit quelques pas ; pris d'un étourdissement subite, il se mit à tituber puis, d'un geste maladroit et inhabituel, il s'écroula brusquement. Devant cette scène inusité, Mère Dridri prise d'une panique paralysante poussa un cri strident qui réveilla les enfants. En quelques secondes, elle reprit ses forces et courut vers son mari qui gisait par terre, les yeux grands ouverts. Visiblement agonisant, il était inerte comme une pierre tombale malgré les tentatives de Nafi pour le réanimer. Abdoul arriva en toute vitesse et vit Nafi en pleurs, impuissante devant la situation. Il eut le réflexe d'alerter Monsieur Diop, le médecin dont la maison était contiguë à la leur. À son arrivée, malgré la rapidité de son intervention, il ne put que constater l'irrémédiable. C'était un arrêt cardiaque, et malheureusement ceux qui étaient sur place ne connaissaient pas les notions de base de la réanimation. Ousmane Sow venait de quitter de façon inattendue ce bas monde. Ce fut une matinée triste et remplie d'émotions. Personne ne s'attendait à ce réveil brutal et macabre.

Docteur Diop était un homme généreux et disponible, il ne ménagea aucun effort pour assister la petite famille Sow en détresse et profondément ébranlée. Il informa l'imam et les autres fidèles du décès qui venait d'avoir lieu. Ceux-ci, après la prière matinale, se donnèrent rendez-vous à la maison des Sow.

Informées, les femmes du quartier arrivaient une à une dans la maison. La plupart d'entre elles étaient amies avec Nafi. Sans exception, dès qu'elles eurent franchi le seuil de la maison, elles se mirent à pleurer automatiquement, comme si elles s'étaient entendues sur ce geste. On aurait dit que c'était là l'occasion de compatir ouvertement à la douleur de Nafi et de lui prouver toute leur affection. Les cris fusaient de partout avec des voix émettant des sons allant de l'aigu au grave sans transition aucune. Ces voisines pleureuses donnaient l'impression que l'abondance de sanglots était nécessaire pour le repos de l'âme du disparu ; ce qui rendait la tâche encore plus difficile de distinguer les larmes de crocodile des vraies. Certaines criaient en prononçant des paroles de regret, d'autres en magnifiant la vie de sage et d'homme exemplaire qu'avait été celle du défunt.

Abdoul, inexpérimenté ne savait plus sur quel pied danser. Il était dépassé par ce remue-ménage inattendu. Pour camoufler son inquiétude, il retourna dans sa

chambre, prit une feuille blanche et se mit à écrire :
« Mon oncle est décédé. C'est difficile à croire, mais
c'est la vérité. Je dois m'y faire et envisager courageu-
sement mon avenir sans lui. Mais, ce ne sera pas de
la tarte avec ma tante. Cette mégère qui l'a fait tant
souffrir. Son comportement irresponsable et ingrat
le plongeait souvent dans une colère noire qu'il
dissimulait. Le chagrin le rongeait et l'avait précipité à
la mort. »

« … On s'attend souvent à ce que la mort frappe
les gens âgés ou malades. Ce n'est guère surprenant
de voir une personne très malade mourir. Mais quand
la mort s'attaque à une personne apparemment saine,
elle suscite surprise et interrogations. Dans cette
situation-là, le côté brutal et inattendu exacerbe le
chagrin et l'angoisse des proches. Bien que ces cas
imprévus soient de nos jours très fréquents – les
accidents, les crises cardiaques –, il est toujours
difficile de s'y habituer ou de s'y préparer. L'individu
vit en permanence dans la crainte et le refus de penser
à sa propre mort ou d'imaginer la perte d'un être qui
lui est cher. Tant qu'il est bien portant, il considère
toujours, inconsciemment mais à tort, qu'il lui reste
encore beaucoup de temps à vivre. Dès lors, il établit
presque tous ses programmes en faisant abstraction
de l'éventualité de la mort. C'est pourquoi quand elle
s'attaque à un proche, peu de gens tiennent le coup.
Ils sont surpris et parfois même déboussolés. C'est
mon cas après le décès de mon oncle. Actuellement,
seule la foi peut m'aider en m'apportant ce réconfort

moral qui va me prémunir contre un ébranlement ou un effondrement total. »

« … Je suis croyant, il ne faut pas que je perde les pédales. C'est le bon Dieu qui décide de l'heure, du lieu, des conditions de la mort. Et quand la mort arrive, nul ne peut l'arrêter. Un malade comme une personne saine partira dès que son heure sonnera. Soigner une maladie n'écarte pas la mort, il permet seulement d'atténuer, voire d'enrayer la douleur du patient et lui permettre de mieux vivre. »

L'imam du quartier dirigea les dernières préparations pour la levée du corps. Dès l'entame, il rappela à l'assistance que, selon le rite musulman, les pleurs exagérés et les lamentations ne sont pas souhaités. Le musulman doit accepter la volonté divine. Quelle que soit la dureté des épreuves qu'il traverse, il se doit de rendre grâce à son créateur. La mort fait partie des évènements auxquels le musulman doit penser en permanence. Il déclara à haute voix : « nous allons tous un jour mourir et c'est la seule vérité indiscutable sur terre. Au lieu de pleurer, vous devez faire des invocations pour que le bon Dieu l'accueille dans son paradis éternel. Nous sommes de passage sur cette terre. La mort n'est que la transition entre cette vie éphémère que nous connaissons et celle que nous connaîtrons dans l'au-delà. Craignez ce qui vous attend dans l'autre vie et priez pour Ousmane Sow ». Ce petit sermon liminaire mit un terme brusque aux pleurs.

On fit appel à Mady Diop, l'homme surnommé « Diomba Dé ». Il avait échappé plusieurs fois à la mort.

À l'âge de cinq ans, il s'était fait happer par une voiture ; à douze ans, il était tombé d'un arbre de six mètres de haut ; à vingt ans, il avait échappé à la noyade en tentant d'aller en Espagne en pirogue. Découragé et se sentant impuissant face aux épreuves de la vie, il s'était résigné et ne s'occupait plus que de l'organisation des obsèques dans le quartier. Mady était très actif dans ce qui était désormais son métier : bénévole en services funéraires. Non seulement il était le fossoyeur, mais il participait également au toilettage mortuaire. À part ce métier, on ne lui connaissait pas d'autres occupations. Il était en permanence à la mosquée implorant Dieu tout en attendant l'annonce d'un nouveau décès. Grand de taille, la mine toujours fade, Mady semblait impassible devant la mort. Il riait rarement.

Dès qu'il fut informé du décès d'Ousmane, il prit ses outils et partit creuser la tombe au cimetière musulman de Yoff. Pendant ce temps, une équipe de trois personnes qu'il rejoindra plus tard se rendit à la morgue pour récupérer le corps du défunt. Vers neuf heures du matin, ils l'amenèrent à la mosquée pour le bain et la prière mortuaires.

Dans le petit local prévu à cet effet, ils placèrent le corps allongé en dirigeant la tête vers la « kaaba », le lavèrent trois fois, l'essuyèrent puis l'enveloppèrent de trois linceuls blancs après avoir croisé les bras sur la poitrine. Ensuite, ils le déposèrent sur une planche en bois qui avait l'air d'une civière et le couvrirent d'un autre pagne en couleur. Mady, toujours dans ses œuvres, sortit vérifier si l'imam et les fidèles étaient prêts pour la prière. On lui fit signe que tout était au point. Il informa alors ses collègues du jour. L'émotion monta d'un cran. Ils se décidèrent. Deux de chaque côté de la civière, de la même façon qu'on sortirait d'un terrain de football les joueurs blessés, ils transportèrent le corps sans vie devant l'assistance.

Avant de diriger la prière, l'imam prit la précaution de demander si quelqu'un pouvait témoigner que le défunt était un bon musulman. Ce que fit spontanément son ami Mor Ka avec qui il avait débuté le commerce à Dakar. L'imam entama alors la prière qui fut très brève. Tout en restant debout, sans aucune prosternation, ni génuflexion, il prononça à haute voix quatre fois « *Allahou akbar* » suivi, à chaque reprise d'invocations silencieuses, puis conclut la prière. Ensuite le cortège funèbre dirigé par les quatre vaillants gaillards qui portaient la dépouille mortelle sur la civière se dirigea vers la citadelle du silence. Tous se mirent à prononcer « *Allah Allah* » jusque devant le trou rectangulaire qui devait accueillir le défunt. Arrivés sur les lieux, Mady et un autre jeune descendirent dans la tombe pour réceptionner le défunt et le placer sur le côté droit. L'inhumation se fit dans les règles de l'art et selon les recommandations de l'islam.

Après les dernières prières, les hommes se donnèrent rendez-vous chez mère DriDri pour compléter les exigences religieuses. Les membres de l'assistance, un à un, retournèrent sur leurs pas en direction de la porte de sortie du cimetière. Les uns reprirent leurs véhicules pour s'y rendre plus vite tandis que les autres, en petits groupes, marchaient ensemble. La charge émotionnelle qui pesait dans le cœur et l'esprit des gens sembla se dissiper. Dès qu'ils tournèrent le dos au cimetière, leur silence qui traduisait leur degré d'étonnement céda progressivement la place à d'âpres discussions sur les problèmes mondains. En dehors de quelques-uns toujours atterrés par l'énigme et la cruauté de l'enterrement, la tristesse ne s'affichait plus sur la face de la plupart d'entre eux. Tout le long du chemin, ils parlaient d'autres sujets : finances, politique, championnat de football ou combats de luttes. Mais malgré cet emportement qui pouvait s'interpréter par un manque d'empathie envers la famille éplorée, ils réussirent, arrivés à la maison, à retrouver la mine sérieuse de personnes affectées par une tragique épreuve.

Le deuil devait commencer. Il était de coutume après l'inhumation de se réunir à la maison pour que l'imam rappelât quelques sourates du coran. C'était aussi une occasion d'étaler à la veuve, le comportement à adopter pendant toute la période de viduité. Selon la religion musulmane, elle dure quatre mois et dix jours pendant lesquels, il est souhaitable que la veuve cesse ou réduise ses activités et se consacre aux prières pour le repos de l'âme du défunt. Après d'abondantes explications, les fidèles plièrent bagage. Chacun retourna vaquer à ses occupations.

Pendant les premiers jours qui suivirent le décès de son mari, mère Nafi, encore sous le choc, observait scrupuleusement les consignes de l'imam. Elle se levait tôt le matin et ne ratait aucune des cinq prières quotidiennes. Mais au fur et à mesure que les jours passaient, une certaine lassitude emprisonnait son corps et elle éprouvait de plus en plus de difficultés à exécuter les actes de dévotion. Son dévouement à la religion, momentanément exacerbé par le décès, s'amenuisait avec le temps comme une onde évanescente. L'arrêt de ses activités commençait à lui sembler long. Les contraintes et privations devenaient un lourd fardeau qu'elle ne saurait supporter plus longtemps. Ainsi, deux mois seulement après la disparition de son mari, mère DriDri reprit ses activités de plus belles. Même si elle ne sortait que rarement, elle passait le plus clair de ses journées à recevoir chez elle des groupements de femmes.

Abdoul observait en silence les entrées et sorties. Il s'étonnait du comportement de sa tante vis-à-vis de la mort. Souvent, il s'emportait dans des réflexions comme celle de ce matin qu'il murmurait : « Après un décès, nous sommes souvent abattus, subjugués par ce vide absurde laissé par le disparu. Ses gestes, ses phrases, ses rires... refont régulièrement surface et gardent froids nos esprits, nos voix, et même nos corps. Puis, après quelques jours, un phénomène étrange intervient. Il agit comme un effaceur magique qui éradique nos souffrances et remet progressivement nos pensées à leur état initial avant la mort. On oublie, on se calme, on revit jusqu'à ce qu'un autre décès nous plonge à nouveau dans la déprime. Ainsi s'alternent la vie et la mort comme la joie et le chagrin tout le long de notre existence. Cette faculté d'adaptation est fondamentale pour surfer sur les vagues d'une existence qui oscille régulièrement entre bonheur et malheur. »

Il se tut un instant avant de poursuivre : « Dans le monde moderne, la course effrénée vers la richesse, la beauté, la notoriété occupe les pensées. Elle ne laisse aucune possibilité de s'attarder sur des évènements malheureux de la vie. Face à de tels évènements, la quête de la prospérité exerce une pression qui les expulse de notre esprit en un temps record. Quand je regarde ma tante, j'ai honte. Elle semble ne penser qu'à l'héritage, qu'aux nombreux biens que mon oncle leur a laissés (elle et sa fille). Elle est encore dans la période de viduité, mais cela ne lui empêche guère d'entamer sans vergogne le décompte et l'étalage du legs au grand jour. »

Ousmane était un exemple de réussite sociale. Des voitures, des villas, des magasins évalués à plusieurs millions de francs étaient à son actif. Sa mort surprenante n'avait ébranlé Nafi que le temps d'une rose. Elle s'en était déjà remise, préoccupée par les festivités et autres mondanités qu'elle ratait. Malgré le vide laissé par le défunt et la solitude de veuve qu'elle ressentait, Nafi se réjouissait du confort financier qu'elle avait hérité. Elle voyait là l'occasion d'avoir enfin les moyens pécuniaires de ses prétentieuses ambitions. Elle se plaisait de ce nouveau statut de femme riche qui allait la propulser vers son échelon social de rêve. Désormais, elle ferait l'objet davantage de considération dans la gent féminine. Elle rêvait déjà de se pavaner au milieu de laudateurs qui chanteraient ses louanges à tout bout de champ.

Nafi n'était pas la seule qui lorgnait le legs d'Ousmane Sow. Au fur et à mesure que les jours avançaient, elle remarquait la recrudescence de visites masculines. Des hommes, presque tous au-dessus de la cinquantaine, passaient fréquemment, mais furtivement pour se familiariser avec elle. Pour marquer leurs passages, ils s'arrangeaient à lui offrir toutes sortes de cadeaux. Même s'ils ne déclinaient pas clairement leurs motivations, leurs clins d'œil en disaient long sur leur intention de la séduire.

Comme on pouvait s'y attendre, jour après jour, les visites, apparemment anodines au départ, prenaient de plus en plus l'allure d'une grande compétition. Les anciens proches amis du défunt, acculés par les contraintes et pressions sociales, se livrèrent éperdument à une grande rivalité. On les voyait défiler l'un après l'autre en longueur de semaine. Chacun empruntant le chemin à l'insu de l'autre, un chapelet d'arguments en bandoulière pour convaincre Nafi de la sincérité de leur sentiment et de leur volonté de remplacer son ex-mari.

La balade des *gorgorlous* commença avec l'arrivée de Mor Ka, l'ami d'Ousmane qui, en même temps que lui, avait des visées sur Nafi. Il se présenta en premier pour demander qu'elle lui accordât la chance de remplacer son ami. Il fut éconduit discrètement par Nafi qui avait du mal à cacher sa surprise. D'autres vieux, qui avaient assisté aux obsèques se présentèrent par la suite, pour la même raison, avec le même modus operandi. Chacun arguant son envie de couver la famille et de combler le vide laissé par Ousmane, mais successivement ils furent rabroués. Nafi, émue de ce défilé, murmurait dans ses moments de solitude : « Je comprends bien la mentalité de certains prétendants qui ne sont en réalité que des profiteurs cherchant souvent des veuves bien assises financièrement pour déposer leurs baluchons. La mort d'un ami, loin de les conscientiser ou les pousser à réviser leur comportement déviant, attise chez eux la flamme d'une boulimie financière et sexuelle inexplicable. Ils se lancent à une course effrénée pour arracher une belle ou riche femme à la suite du décès d'un mari malheureux. Regarde-moi comment ils se comportent vis-à-vis de moi avec différents prétextes tout aussi fallacieux les uns que les autres. Non seulement ils ne m'intéressent pas, mais je n'ai même plus de temps à consacrer à une liaison matrimoniale. Ils me trouveront ici, je n'accepterai aucune demande. Je compte profiter de mon temps et aussi de l'argent légué par mon défunt mari. »

Abdoul était très affecté par la disparition subite et imprévisible de l'homme qu'il prenait comme modèle. Ce fut une période dure pour lui qui était très attaché à son oncle dont le désir profond était de le voir un jour, parmi les plus grands intellectuels du pays. Les conseils qu'ils lui donnait retentissaient dans son esprit et constituaient le moteur qui conditionnait ses faits et gestes. Toujours dans l'idée de satisfaire les vœux de son défunt oncle, il redoublait d'effort pour aller en classe de terminale.

C'était les vacances. Abdoul savait que rien ne serait plus comme avant. Il fallait trouver des subterfuges pour préparer financièrement l'année scolaire suivante. Son oncle n'était plus là et il ne faisait pas confiance à Mère Dridri pour l'achat de ses prochaines fournitures scolaires. Il prit l'initiative de retourner à Félata pendant la saison des pluies pour cultiver à son compte une partie des champs de son père. Heureusement, cette année, la récolte fut bonne et la vente des produits lui permit d'amasser suffisamment d'argent pour couvrir ses frais de scolarité.

À la fin de la saison agricole, Abdoul revint à Dakar pour entamer sa classe de terminale. Entre-temps, l'atmosphère dans la maison avait déjà changé. Il constata que la mort de Monsieur Sow avait laissé un grand vide qui se remplissait progressivement par une forte présence féminine. Comme si les femmes y avaient transféré leur siège social, elles s'y retrouvaient quotidiennement pour toutes sortes de réunions. Les entrées et sorties incessantes avaient largement pris le dessus sur la quiétude habituelle de la maison.

C'était dans cette ambiance peu propice aux études qu'Abdoul devait préparer son examen de baccalauréat. Continuer son cheminement et obtenir les mêmes performances que les années précédentes étaient ses principaux défis. Pour y arriver, il se résolut de vivre en retrait afin de mieux se concentrer et se consacrer à ses études.

Sagar venait d'être renvoyée pour insuffisance de résultats. Elle avait grandi, ses formes nubiles étaient maintenant bien dessinées. Sa beauté et sa démarche rappelaient celles de sa maman quand elle avait le même âge. Elle vivait pleinement sa crise d'adolescence en affirmant sa féminité et testant, à chaque occasion, son pouvoir de séduction. À peine quatorze ans, elle faisait l'objet de beaucoup de convoitise de la gent masculine. Elle recevait de façon sporadique les visites de jeunes garçons de son âge au su de mère Dridri qui n'en disait rien.

Quant à Mère Dridri, elle avait déjà montré des signes d'extrême jalousie. S'attendant à toutes sortes de supplices, Abdoul se prépara psychologiquement pour une endurance sans limite. Mais, contre toute attente, Mère Dridri cessa les agressions verbales envers lui. Cependant, elle continuait à le considérer comme le coursier de la maison, le garçon à tout faire. Toutes les heures, même si elle lui réservait parfois des récompenses pécuniaires, elle n'hésitait pas à lui confier de petites corvées qu'il était obligé d'exécuter.

Malgré un environnement désormais de moins en moins approprié pour des études, Abdoul continuait à faire preuve de courage et d'abnégation. À la fin de cette année charnière, sa persévérance finit par payer. Il obtint son baccalauréat avec la mention « Bien ». Ce précieux sésame lui ouvrit la porte de l'université de Dakar.

10

Le passage à l'université comme à la case des circoncis nous marque à vie. Il est le pont par lequel on quitte le cercle familial pour accéder à celui hostile des Hommes.

L'Université de Dakar : Temple du savoir, rêve de tous les élèves de Lycée du Sénégal, rêve exacerbé depuis la chanson du grand musicien Oumar Pène intitulée « Étudiant ». Une célèbre mélodie, rendant un grand hommage aux étudiants. L'université de Dakar, une célébrité ouest-africaine, faisant partie des premières universités d'Afrique francophone, inspire le respect par le nombre de cadres africains qu'elle a accueillis et formés. Elle a contribué à l'épanouissement de beaucoup de personnalités en élevant leur savoir qui leur a ouvert les portes de grandes institutions internationales. Elle pointe son nez sur l'océan atlantique, d'où elle hume et aspire l'air frais de la corniche qu'elle propage à ses milliers d'étudiants pour leur insuffler la vigueur et l'énergie nécessaires pour tenir le rythme infernal des cours.

En période scolaire, comme pendant les vacances, elle refuse du monde. Étudiants, enseignants et chercheurs s'y croisent à longueur d'année. Aux heures de pointe, toutes les petites ruelles qui mènent aux amphithéâtres sont remplies de personnes venant d'horizons divers. En direction des sciences juridiques et économiques, c'est une marée humaine qui déferle chaque heure de la journée. Certains nouveaux étudiants sont complètement désorientés, pendant que d'autres, plus dégourdis ou ayant des mentors, s'adaptent plus ou moins bien.

Abdoul devait entrer pour la première fois dans cette ambiance qui se démarquait complètement de ce qu'il connaissait jusque-là. Il sortit de chez lui, prit l'autobus qui le déposa sur l'avenue Cheikh Anta Diop à hauteur du campus social. Par réflexe, il suivit intuitivement le mouvement d'ensemble des étudiants qui longeaient le couloir de la mort. Ce célèbre chemin faisant la jonction entre l'avenue Cheikh Anta Diop et la porte de l'espace pédagogique était sans doute la plus empruntée de l'université. Une fois arrivé, il croisa un étudiant d'âge plus avancé, bien habillé, un sac noir à la main. Il l'interpella :

— Bonjour, monsieur.

— Bonjour jeune homme, fit l'étudiant tout en sirotant une crème glacée.

— Je suis nouveau bachelier, je cherche la faculté de droit pour m'inscrire, enchaîna Abdoul.

176

— OK, tu es sur le chemin. Poursuis ta route jusqu'à la prochaine intersection et tu la verras à ta droite, répondit le jeune homme.

— Merci beaucoup, reprit Abdoul.

Abdoul suivit scrupuleusement les instructions. Il arriva à destination et rentra dans le hall du bâtiment principal. Devant lui, une immense foule désorganisée et bruyante. Un étudiant volait la vedette à tout le monde. Il tenait une liste et appelait, un à un, les noms des personnes qui y étaient inscrits. Une fois appelé, l'étudiant se rendait devant un guichet où une préposée devait vérifier ses documents afin de finaliser son inscription annuelle. C'était leur manière de gérer et de faire respecter à tous la priorité suivant l'ordre d'arrivée. Abdoul s'approcha d'un étudiant qui donnait l'air d'un habitué.

— Bonjour, Monsieur, le salua-t-il.

— Bonjour, lui répondit-il.

— Je suis nouveau. Je suis venu pour m'inscrire, reprit Abdoul à voix basse.

— Tu viens d'arriver ? Questionna son interlocuteur.

— Oui.

— Je te conseille d'inscrire ton nom et de revenir tôt demain, car aujourd'hui, il y a déjà beaucoup de monde devant toi sur les listes.

— D'accord, je te remercie.

Abdoul inscrivit son nom comme venait de lui suggérer l'étudiant rencontré. Le lendemain, tôt le matin, il reprit le chemin de l'université. Ce jour-là, il finit par se faire inscrire en première année de sciences juridiques.

Cette première étape franchie, il restait encore une semaine avant le début officiel des cours. Mais Abdoul ne restait pas un jour sans venir humer l'air de l'université. Il trouvait l'ambiance intéressante. Le défilé, permanent et incessant de gens, lui plaisait beaucoup. Jeunes garçons et filles, enseignants, bibliothécaires et autres personnels administratifs tous réunis dans cet endroit pour acquérir et partager le savoir. Dès fois, il rencontrait ses camarades de terminale qui avaient réussi le bac comme lui et qui étaient là pour les mêmes raisons. Son dévouement aux études universitaires était manifeste. Pendant cette semaine d'attente, il se procura tout le matériel nécessaire pour bien suivre ses cours.

À son premier jour de cours, il eut du mal à cacher son immense surprise quand il mit le pied dans l'amphithéâtre. L'endroit était plein à craquer. Une pléthore d'étudiants occupait le moindre espace libre. Le nombre de places disponibles était de loin inférieur au nombre d'étudiants. Certains occupaient les places normalement prévues tandis que d'autres étaient assis sur les marches des escaliers entre les rangées, et le reste était debout tout au fond de la salle. Il alla remplir les rangs d'en haut.

Quand le professeur commença le cours, il ne put prendre de notes, car son esprit était encore sous le choc du nombre élevé d'étudiants. Il imaginait la stratégie à adopter pour le reste de l'année. Les étudiants de première année étaient nombreux et les conditions de prises de notes difficiles. Il comprit aussitôt les raisons des piètres résultats de l'année précédente qu'il avait vus sur le tableau d'affichage. Il se dit alors que pour réussir dans ces conditions, il fallait s'appliquer une certaine rigueur et une discipline soutenues durant toute l'année. Il se résolut à toujours venir très tôt, occuper une bonne place dans les premières rangées afin de pouvoir prendre les cours convenablement.

Abdoul fréquentait le même amphithéâtre que son ami Bassirou Diop avec qui il avait fait le lycée, mais du fait du nombre élevé d'étudiants, c'est seulement à la deuxième semaine qu'ils s'étaient croisés, par hasard, pour la première fois. Ensemble, ils décidèrent de former un binôme de travail très déterminé à réussir. Ils s'arrangèrent pour occuper une chambre à deux au campus social. C'est ainsi, qu'à force de travail et d'abnégation, ils passèrent leur examen de fin d'année avec brio.

11

La marche du temps est imperceptible à l'œil humain. Cependant si on est attentif, on peut facilement s'en rendre compte en observant son entourage. Les adultes voient les enfants grandir et les enfants voient les adultes vieillir. Le temps ; on ne peut ni l'arrêter ni l'influencer. Imperturbable, il conserve toujours le même rythme. Pas trop lent, ni trop rapide. Quelles que soient les activités de l'Homme ou les intempéries de la nature, le temps garde sa constance et sa cadence. Ainsi va la vie. Et, à chaque étape, les préoccupations de l'individu changent.

Sur le long itinéraire de l'école à l'université, les élèves qui sont braves et chanceux poursuivent leur rêve jusqu'au bout malgré les embûches et ennuis financiers. Les autres se perdent en chemin ou embrassent d'autres métiers.

Le temps avait passé. D'année en année, Abdoul et son ami gravissaient sans trop de difficultés les échelons scolaires. Ils étaient maintenant en licence de droit. Cet exploit avait fait naître un sentiment de fierté que Bassirou avait du mal à cacher.

— Boy, je suis heureux. Nous sommes maintenant sauvés. Au moins nous sommes certains que nous ne serons plus exclus. À partir de la licence, même si tu redoubles plus de dix fois, tu peux toujours te réinscrire, dit-il à son ami.

— Oui je sais, mais attention, c'est là le piège à éviter. Certains étudiants ont tendance à croire faussement qu'ils ont accompli leur mission et ne travaillent plus comme avant. Du coup, ils perdent énormément de temps. Et tu sais quoi, une année scolaire perdue est une année de salaire perdue dans sa vie, répondit Abdoul.

— De toutes les façons, moi je n'ai pas envie de me lâcher. D'ailleurs, je suis contre cette mesure. Je crois qu'elle fait partie de celles qui entravent la bonne marche de l'université. Cette mesure aberrante est le socle sur lequel reposent les crises estudiantines récurrentes. Certains étudiants-politiciens l'exploitent pour tenir l'université en otage avec des grèves à n'en plus finir. Ils redoublent régulièrement, font dans la manigance pour transformer les luttes légitimes visant l'amélioration des conditions de vie des étudiants en armes politiques au service de leur parti.

— C'est vrai, et c'est dommage. Chaque année, ils trouvent des motifs pour remplir une plateforme revendicative.

— D'ailleurs, les étudiants de l'université Cheikh Anta Diop ont la mauvaise réputation d'être des grévistes. Et cette connotation n'est pas favorable pour vendre l'image de ce temple du savoir. Je comprends que le bouillonnement des idées provoque parfois des contradictions pouvant conduire à une période de cessation temporaire de cours. Mais les forces politiques, souvent de l'opposition, aggravent la situation. Elles s'en mêlent, entretiennent les meneurs de grèves afin de déstabiliser l'État. C'est dommage !

— En tout cas, continuons à bosser pour éviter de rester d'éternels étudiants comme certains.

Cette année-là ne fit pas exception à la règle. Depuis deux semaines, les étudiants étaient en grève. Cette fois, ils réclamaient haut et fort le paiement de leurs maigres bourses. Le campus était encerclé en permanence par les forces de l'ordre qui faisaient tout pour contenir les offensives des étudiants. Encore une fois, l'avenue Cheikh Anta Diop était le théâtre de violents affrontements entre étudiants et forces de l'ordre. Pendant que certains partaient au front pour défier les policiers, d'autres en profitaient pour se reposer ou approfondir leur connaissance à la bibliothèque.

Les deux acolytes étaient parmi ceux que les étudiants appelaient amicalement, mais avec ironie, des rats de bibliothèque parce qu'ils affectionnaient les livres. Ils y étaient très souvent fouillant tout document où ils espéraient trouver des compléments du cours magistral.

Les étudiants en étaient maintenant à leur troisième semaine de grève. Comme à leur habitude, à midi, les deux amis sortaient pour aller au restaurant. En descendant les escaliers de la bibliothèque, ils aperçurent au loin une fille qui semblait n'avoir d'autres préoccupations que de les attendre. Dès qu'ils eurent franchi la dernière marche, elle les interpella :

— Bonjour, partez-vous au restaurant ? demanda la fille.

— Oui, oui, répondirent-ils.

— Pourrais-je vous tenir compagnie. Mon amie n'est pas venue aujourd'hui et j'ai horreur de manger seule.

— Bien sûr. Ça nous fera un réel plaisir, acceptèrent-ils sans arrière-pensée.

— Comment vous appelez-vous ?

— Moi c'est Abdoul et mon ami s'appelle Bassirou

— Enchantée. Moi je m'appelle Latifa.

— Quel joli nom ! Ce n'est pas tous les jours qu'on voit des Sénégalaises prénommées ainsi, poursuivit Bassirou.

— Je suis une denrée rare… répondit-elle avec un grand sourire.

Ils poursuivirent ainsi leur conversation jusqu'au restaurant. À table, tout en mangeant, ils rentrèrent davantage dans les détails pour mieux se connaître.

— Quelle faculté fréquentes-tu ?

— Je suis en première année de droit, répondit-elle.

— Ah, quelle coïncidence. Nous sommes en troisième année de droit.

— Waouh, bravo. Avec les effectifs pléthoriques, je me demande quelquefois si je m'en sortirai. Cela m'inquiète.

— Tu es sur la bonne voie. Continue de fréquenter la bibliothèque même en temps de grève. C'est le secret. Mon ami ne me démentira pas.

Ils rirent ensemble. Dès cet instant, une complicité naquit dans ce trio. Ils rirent à tue-tête se donnant même des tapes amicales. On aurait dit qu'ils se connaissaient depuis belle lurette. Toute l'insouciance et la spontanéité de la jeunesse étaient exposées au grand jour.

Latifa était d'une beauté remarquable et d'une expression faciale très joviale. Elle était spontanée dans ses réponses qui cachaient mal une certaine naïveté. Le restaurant n'était qu'un prétexte, elle les avait remarqués depuis un certain temps et était intriguée par leur complicité. Elle voulait découvrir le secret que cachait cette harmonie. Comme elle était en première année, peut-être trouverait-elle en eux des mentors qui l'aideraient à gravir les échelons. Elle commença à les appeler « mes professeurs ».

Latifa était aimable et semblait avoir quelque chose de spécial. Quand Bassirou la regardait, il sentait une sorte d'onde rafraîchissante parcourir ses veines pour atteindre son cœur et cela lui procurait un bonheur immense. Il trouvait que le regard de la jeune fille avait quelque chose de fascinant, d'irrésistible qui l'attirait comme un appât. À chaque contact visuel, il sentait un frisson l'envahir et le secouer.

Quand ils eurent fini de manger, ils reprirent ensemble le chemin. Arrivés à la bibliothèque, les trois étudiants échangèrent brièvement avant de se séparer.

— Ça nous a fait plaisir de te connaître. Je peux me permettre de te tutoyer, fit Bassirou.

— Bien sûr. Tout le plaisir est pour moi, répondit la fille.

— À quand la prochaine ? questionna Bassirou.

— Ça dépend de vous… Appelez-moi.

Et elle leur donna son numéro de téléphone.

— Si tu rencontres des difficultés dans certaines matières, tu peux passer. Je pourrai t'aider, fit Bassirou.

— D'accord, c'est très gentil. Où logez-vous présentement ?

— Au campus. Nous habitons ensemble à la chambre 305 du pavillon A. Tu passeras quand tu pourras.

— Merci. Je viendrai vous voir un de ces quatre...

L'université forge le don de soi, la solidarité et l'autonomie chez l'étudiant. C'est le lieu où beaucoup de jeunes se découvrent et éclosent les talents qui dormaient en eux. C'est également le temps des relations amicales fortes, mais aussi celui des amours. Bassirou n'avait pas échappé à cette loi. À force de voir Latifa, leur amitié s'était très vite transformée en amour.

Désormais, Latifa venait régulièrement lui rendre visite. Comme pour prouver son amour elle s'accompagnait souvent d'une ou de plusieurs de ses copines. Aminata Samb était l'une de ses meilleures amies. Elles étaient souvent ensemble et suivaient les mêmes cours. Le jour où Latifa avait rencontré les garçons, Aminata était chez sa coiffeuse, autrement elle aurait été certainement de la partie. Belle et gentille, elle accompagnait de temps à autre son amie chez Bassirou. Ses visites inopinées intéressaient Abdoul au premier titre. Les artifices d'Aminata ne le laissaient pas indifférent.

Latifa, par le biais de Bassirou, apprit les sentiments d'Abdoul qu'elle transmit à Aminata. Celle-ci ne se fit pas prier. Cela faisait des jours qu'elle en rêvait. Le couple ami organisa alors la rencontre pour occasionner la relation entre Abdoul et Aminata.

Entre Bassirou et Latifa, c'était le grand amour. Ils éprouvaient des sentiments mutuels d'estime, de respect et d'admiration. On les voyait marcher très souvent ensemble aux alentours de la faculté de droit. Maïmouna, la maman de Bassirou appuyait cette relation, car elle appréciait bien la belle Latifa. De temps à autre, elle l'invitait même à la maison, afin de mieux la connaître et de briser entre elles le mur de la gêne. Après quelques visites dans la famille de Bassirou, Latifa constata l'absence du père de famille. Elle ne voyait jamais le papa de Bassirou et se demandait en silence, si son copain n'était pas dans la même situation qu'elle, jusqu'au jour où elle décida de briser le silence sur des questions qui lui brûlaient les lèvres. Un bel après-midi, après les cours, de retour au campus, elle lança :

— Bassirou, je ne veux pas être indiscrète, mais je voudrais te poser une question

— Vas-y, je t'écoute.

— Est-ce que ton père est vivant ?

— Bien sûr.

— Ce qui m'étonne, je ne l'ai jamais rencontré chez vous.

— Oui, c'est vrai. Il vit en Angleterre depuis quelques années. Il vient environ tous les deux ans.

— Ouf, je me disais que tu étais comme moi, mais heureusement pour toi.

— Comme toi ? Ça veut dire quoi ? Comment es-tu ?

— Moi, je ne connais même pas mon père. D'après ma mère, il vit à Dakar. Quand je lui en parle, elle est très dégoutée et évite toujours d'en dire plus.

— C'est triste ce que tu dis, mais je serai là pour toi. Je ferai tout pour que tu ne ressentes pas trop son absence.

Latifa était la fille ainée de Satou Niang. Elle venait de Kaolack, à cent quatre-vingt-quatorze kilomètres de Dakar. Jusque-là sa propre histoire n'avait cessé de l'intriguer. Elle se demandait souvent : « Que s'était-il passé ? Pourquoi ma mère est si remontée contre mon père disparu ? Mon père serait-il de ces alcooliques anonymes qui se pavanent de quartier en quartier et avec qui personne ne veut avoir de lien de parenté ? » Elle était maintenant mature. De plus en plus, l'envie de connaître son géniteur l'empêchait de dormir. En venant à Dakar, elle espérait rencontrer un jour un soulard, un loqueteux, dont les traits de caractère ou morphologiques ressemblaient au sien. À ce moment, elle l'interpellerait. Elle lui demanderait son passé pour faire les recoupements. Elle avait décidé de prendre son enquête en main. Elle était convaincue qu'elle ne pouvait plus compter sur sa mère qui était catégorique. Chaque fois qu'elle avait tenté de percer les voiles du mystère, en l'interrogeant :

— Maman, je ne comprends pas. Pourquoi moi et mes frères et sœurs n'avons pas le même nom de famille ?

Sa mère lui répondait tout sèchement :

— Toi et tes frères et sœurs n'avez pas le même père.

La brièveté des réponses ne lui donnait pas le courage d'essayer d'en savoir plus. Pour ne pas indisposer sa mère, elle ne persistait jamais, même si l'énigme d'un père inconnu restait toujours présente dans son esprit.

Depuis ce jour où Latifa avait annoncé qu'elle ne connaissait pas son père, Bassirou et sa maman nourrissaient beaucoup d'empathie et de pitié envers elle. Latifa avait trouvé refuge dans cette famille Diop de Dieupeul. Elle était bien entourée et faisait l'objet de beaucoup d'attention et de tendresse.

Contrairement à Bassirou, Abdoul ne voulait pas présenter Aminata à mère DriDri. Il craignait que cette dernière ne lui donnât pas sa bénédiction. Et dans ce cas, sa relation avec Aminata serait sérieuse-ment menacée. Se souvenant des paroles de son oncle au crépuscule de sa vie, il concluait : « Je ne dois pas m'opposer à ma tante par respect à la mémoire de mon oncle. Donc, je dois m'y prendre avec intelligence. Mère DriDri est difficile à cerner. Je vais attendre de finir mes études avant de lui parler d'Aminata ». Mais Aminata qui ignorait cette réalité n'arrêtait pas d'acculer Abdoul. Elle voulait à tout prix en savoir plus sur sa future belle-famille à Dakar.

— Pourquoi ne me présentes-tu pas à ta famille comme Bassirou l'a fait avec Latifa ?

— Aminata, tu sais, Mère Nafi est imprévisible, je n'ose même pas lui parler de toi pour l'instant.

— Mais nous sommes de grandes personnes, nous avons le droit de nous aimer.

— Je sais, mais elle est compliquée. Depuis le décès de mon oncle, elle fait la pluie et le beau temps. Je finis mes études dans quelques mois, après nous verrons. Sois patiente.

Abdoul était conscient que le succès de son amour résidait dans la discrétion et la patience. Il restait le plus clair de son temps au campus universitaire. Et les rares fois qu'il rencontrait sa tante, il ne montrait aucun signe de rébellion envers elle. Il l'acceptait avec ses défauts et ses caprices en évitant toute forme de confrontation. Il gardait toujours vivace dans son esprit son engagement vis-à-vis de son défunt oncle qu'il souhaitait honorer à tout prix. De son côté, Aminata craignait de déstabiliser son amoureux. Elle comprenait que ce n'était pas une bonne idée de brutaliser le cœur de son amant d'étudiant en fin de cursus.

12

Quand le temps du mariage arrive, plusieurs paramètres qui n'ont rien à voir avec l'amour, l'entente et l'estime entre les deux concernés peuvent entrer en jeu et jeter le projet à l'eau.

Abdoul venait de finir ses études. Il était maintenant recruté par une compagnie internationale d'exploration de pétrole dont les bureaux se trouvaient au centre-ville de Dakar. Sa persévérance avait finalement payé. Sa situation avait remarquablement changé. Certes, il n'avait pas encore quitté la maison de mère Nafi mais il en avait largement les moyens. Quant à mère Nafi, elle affichait désormais une certaine fierté de le voir réussir. Elle voulait s'approprier ce succès scolaire et montrer à tout le monde qu'elle en était l'artisane. Elle qui, depuis le décès de son mari, ne s'intéressait plus à ce que faisait Abdoul, cherchait maintenant à se positionner comme une vraie mère adoptive qui l'avait toujours aimé et protégé. Son changement de comportement rapide avait surpris Abdoul, mais celui-ci découvrit vite qu'il y avait anguille sous roche. En réalité, pour sauver sa fille en perdition, Mère DriDri voulait subtilement inciter Abdoul à la prendre comme épouse conformément au fameux dicton populaire au Sénégal, « les cousins sont faits pour les cousines ».

Mère Nafi était au courant de la relation entre Abdoul et Aminata. Au début, elle s'y était opposée uniquement par désir d'exprimer son autorité. Maintenant, l'enjeu était plus qu'élevé. Si elle n'agissait pas vigoureusement, Abdoul pourrait s'obstiner à poursuivre sa vie avec Aminata. Elle décida alors d'intervenir pour les séparer définitivement et laisser à Abdoul l'unique option d'épouser sa fille Sagar.

Le soir, Abdoul arriva à la maison après sa séance quotidienne de sport. Tout trempé de sueur, il s'installa dans la cour pour profiter de la douce brise rafraîchissante qui le procurait une sensation de bien-être. C'était sa routine habituelle de récupération avant de prendre son bain. Et mère Nafi qui venait à peine de rentrer d'un grand rassemblement politique, prit une chaise et vint s'asseoir à côté de lui. Elle entama une conversation :

— Tu sais Abdoul, tu as bien réussi tes études. Maintenant que tu as trouvé du travail, tu dois songer à te marier.

— Oui Mère Nafi, j'y pense régulièrement, répondit Abdoul.

— Tu sais, Sagar est ta cousine. Elle est belle et ton mariage avec elle serait symbole de reconnaissance envers ton oncle.

Abdoul se leva, fit deux pas pour s'éloigner avant de répliquer :

— Mais, Mère Nafi, je considère Sagar comme ma propre sœur. Il me sera impossible de la marier.

— Arrête cette histoire ! Tu sais bien que dans notre culture, on réserve les cousines pour leurs cousins. C'est très apprécié.

— Oui je sais, mais… en plus, j'ai déjà quelqu'un avec qui je compte partager ma vie. Il s'agit d'Aminata Samb qui vient de temps à autre ici pour me voir.

— Mais, Aminata ne peut pas être ta femme. Nous ne la connaissons pas. Et son nom de famille me laisse croire qu'elle est de la caste des *Géwals*. Lui as-tu demandé ?

— Cela n'a aucun sens pour moi. L'essentiel est que je l'aime. Et elle m'aime.

— Penses-tu que ton oncle accepterait une telle union ? Je ne suis pas d'accord et si tu insistes, j'en parlerai à ta mère. Elle est conservatrice et elle n'acceptera pas ce mariage. Les vieux du village non plus. Eux, ils peuvent aller jusqu'à te bannir si tu t'entêtes.

— Bon je vais y réfléchir. Mais, tout sauf Sagar. Elle est ma sœur. Un point, un trait.

Abdoul sortit de la maison en vitesse. Il lui fallait

voir Bassirou le plus rapidement possible pour qu'il l'aidât à contenir sa colère. Il n'en pouvait plus. Il venait de comprendre que son amour pour Aminata bien que réel était impossible aux yeux de mère Dridri.

Quelques minutes plus tard, il arriva chez son ami. Ce dernier l'accueillit au salon. Et sentant très vite que quelque chose ne tournait pas rond, Bassirou l'interpella.

— Mon ami, que se passe-t-il ? Tu as une mine triste ou contrariée !

— Oui c'est encore mère Nafi, elle n'arrête pas de créer des faux problèmes. Tu sais à propos d'Aminata, elle me dit que nous n'allons pas nous marier parce qu'elle est de la caste des griots, répondit-Abdoul le visage tout renfrogné.

— Voilà un sujet sérieux qui a fait échouer plusieurs mariages. Tu sais, le Sénégal est un pays sociologiquement très complexe où règnent plusieurs contradictions. Certains se croient plus valeureux que d'autres simplement parce qu'ils sont issus d'une certaine lignée. Ces considérations vides de sens plongent le pays dans un climat d'hypocrisie sociale, renchérit-Bassirou.

— Absolument, ça n'a pas de sens. Tous les jours, nos imams rappellent que nous sommes tous pareils devant Dieu. Malgré tout, il y a des gens qui accordent toujours plus d'importance aux appartenances (ethnies, castes…) qu'à toute autre chose. Je ne comprends pas. Ces beaux discours d'appel à la cohésion sociale, à la fraternité n'y changent rien. Ils butent toujours sur ces croyances tenaces. Cela m'énerve, fit Abdoul.

— Justement, l'imam parle en se référant à la religion, mais n'oublie pas que notre société est bâtie sur un cocktail de cultures locales. En plus, elle a subi l'influence de cultures étrangères notamment arabe et française. Cette diversité engendre une situation difficile, voire conflictuelle. Nous avons un petit pays rempli d'hétérogénéités et de spécificités dans sa population. Vous pouvez être sénégalais sans avoir la même religion. Vous pouvez avoir la même religion sans avoir la même confrérie. Vous pouvez être dans la même confrérie sans appartenir à la même ethnie. Vous pouvez être de même ethnie sans appartenir à la même caste. Vous pouvez, en plus de toutes ces disparités, parler des langues distinctes. Dans la conscience collective, ces différences sont très importantes, parfois même plus que la « *sénégalité* ». Elles constituent l'ennemi numéro un à tout projet d'entente sincère entre les individus, gage de cohésion sociale et d'unité nationale. Par excès de conservatisme, certains parents, même s'ils ne l'avouent pas ouvertement, ne donneront jamais leur bénédiction à leur fils ou fille si il ou elle désire se marier avec une personne de caste ou de groupe social différent. Ils diront que c'est pour la sauvegarde d'un certain héritage. Mais, malgré cette réalité connue de tous, ils vont s'appeler entre eux : mon frère, mon ami... pour camoufler leur vraie nature. C'est pourquoi je parle toujours d'hypocrisie sociale, expliqua Bassirou.

— Comment allons-nous nous développer avec autant de blocages comme celui-là ? Il me semble que l'amour mutuel et la solidarité au sein de la communauté constituent le point de départ pour tout projet de développement.

— Bien sûr, mais c'est dommage. Tu sais, par rapport aux notions de castes géwal, géer, ñeeño, etc... On m'a expliqué qu'il s'agit de concepts ancestraux inconsciemment transmis de génération en génération. Pourtant, ils sont sans soubassements profonds. C'étaient des concepts intéressants sur lesquels reposait la marche de la société. Une forme d'organisation où chacun avait son rôle à jouer. Si la société ne tolérait pas le mariage entre individus issus de castes différentes, c'était pour éviter le désordre sociétal et l'entrave dans son fonctionnement qui pouvaient en émaner. Chacun devait jouer sa partition : le forgeron à la forge, le peul dans le pâturage avec ses troupeaux, le griot était la mémoire de la société... De ce fait, l'entraide était le moteur et le ciment de la cohabitation. Si un groupe avait besoin des services de l'autre, ce dernier devait les lui offrir, sans bourse délier et vice versa. Un peul ne vendait jamais de lait à un forgeron et ce dernier travaillait pour lui gratuitement. De ce point de vue, si un géwal se mariait avec un géer par exemple, l'enfant issu de cette union aurait du mal à se reconnaitre dans l'un ou l'autre des deux groupes et son rôle dans l'organisation sociale serait ambigu. Pour éviter ces situations, chaque groupe surveillait sa lignée de très près. Il paraît qu'à ce temps, une fille et un garçon de lignées différentes n'avaient pas le droit de s'asseoir sur une même natte encore moins d'être seuls dans une chambre. Le train de l'envie, du désir et de l'affection ne devait jamais atteindre la gare de l'amour. Il devait s'arrêter à celle de l'amitié au risque d'exploser sur les mines anti-mariages des parents, continua Bassirou.

— Je comprends que c'étaient les pratiques moyenâgeuses, mais il est temps que les gens comprennent que les temps ont changé. De nos jours, les jeunes sont soumis aux défis de la mondialisation et au métissage culturel. Tous les jours, nous voyons des gens de différentes cultures et même de différents pays se marier et vivre intensément leur amour. Les jeunes acceptent de moins en moins ces règles préétablies. C'est pourquoi, il n'est pas rare d'en voir certains de castes différentes s'opposer farouchement à leurs parents pour faire triompher leurs sentiments. Certains, pour éviter le courroux de leurs parents, abandonnent malgré eux leur projet.

— Le problème ne devrait plus se poser, car avec les formes de production modernes, l'ouverture des marchés et la féroce concurrence dans tous les domaines, cette forme d'organisation sociale est devenue caduque. Les mariages entre castes n'ont plus d'impact sur le fonctionnement de l'économie.

— Oui, malgré tout, certains parents font tout leur possible pour que leurs enfants ne dérogent pas à ces règles médiévales. La peur du changement explique souvent leur comportement. Ils sont tellement habitués à ce modèle sociétal qu'ils n'ont plus une lecture lucide des mutations sociales.

Abdoul était confronté à cette réalité sociétale. Dans le passé, aucun membre de sa famille n'avait osé ramer à contre-courant de ces règles préétablies. Mère Nafi brandissait cet argument uniquement pour l'inciter à changer de décision. En réalité, elle n'était pas si attachée à ces considérations ancestrales, mais elle voulait exploiter cette faille de la société pour faire passer son désir immodéré de réaliser le mariage d'Abdoul avec sa propre fille. Elle savait qu'au village, où les traditions étaient plus conservées, tout le monde serait en faveur de cette union qui symboliserait une reconnaissance envers Ousmane Sow. Abdoul était donc entre le marteau de l'amour et l'enclume de la tradition. Le choix était difficile, mais il fallait décider.

Abdoul était sous l'emprise de l'amour, cette sensation que certains confondent avec une maladie qui vous habite, vous domine et vous conditionne à contrôler vos faits et gestes pour plaire à la personne de votre choix. Il était victime de ce sentiment noble qui résiste mal à la tricherie. Toutes ses pensées étaient occupées par cette situation embarrassante. Que fallait-il faire ? Il l'avait beau expliquer à mère Nafi, mais elle ne voulait rien comprendre. Connaissant le degré de ténacité et d'entêtement de sa tante, Abdoul savait qu'elle ne lâcherait jamais prise. Elle était prête à tout pour atteindre son objectif. Comme elle aimait fréquenter les charlatans, elle n'hésiterait sûrement pas à l'envoûter pour lui imposer un amour involontaire pour sa fille. À force d'y penser, une peur bleue l'envahissait. Comme il était convaincu de ne rien éprouver pour Sagar et que sa relation avec Aminata semblait de plus en plus impossible, l'idée de quitter le pays commençait à germer dans son esprit. Ainsi pensait-il : « la distance effacerait peut-être mon amour incontestable pour Aminata. »

L'idée de partir le fascinait de plus en plus. Cependant, il lui fallait trouver un endroit convenable et un prétexte pour s'y réfugier. Pendant qu'il cherchait une solution, une filiale de sa compagnie se trouvant à Pétor-Diamant en Afrique centrale fit l'annonce d'un poste correspondant à son profil. Il prit la balle au rebond et présenta sa candidature.

13

Si toute la vie était aussi excitante et heureuse que la veille d'un mariage d'amour, le passage de l'Homme sur terre paraîtrait plus rapide que l'éclair.

De son côté, Bassirou était dans les préparatifs en vue de son mariage avec Latifa. Il avait bien planifié les évènements importants de sa vie. « Après les études, le boulot et ensuite le mariage. », se disait-il. Comme son ami, il venait de dénicher son premier emploi dans une mission onusienne basée à Pétor-Diamant. Il ne rêvait pas mieux et était comblé de bonheur. Tout était finalisé et dans un mois, il devait rejoindre son poste. De ce fait, il devait accélérer ou même brûler les étapes du mariage qu'il tenait coûte que coûte à réaliser avant son départ.

Dans la coutume, le processus diffère suivant les ethnies. Que l'on soit Pulaar, wolof, manjak, lebou, diola, etc., les étapes et obligations ne sont pas les mêmes. Par contre, selon la religion musulmane, la seule prescription obligatoire est l'octroi de la dot. Il s'agit d'un objet ou d'une somme symbolique que la fille demande à son futur mari. Quel que soit le montant, l'homme est tenu de la débourser, pour s'acquitter de ses devoirs. Pour ne pas embarrasser leur amoureux, généralement les filles s'en limitent à un montant forfaitaire minimal. Ensuite, les parents fixent la date du mariage. Si on s'en limitait, le mariage serait un évènement très simple et peu onéreux. Mais aujourd'hui, pour bien paraître socialement, dans bien des cas, les deux familles engagées s'arrangent, quitte à contracter des dettes ruineuses, à réaliser des cérémonies en grande pompe occasionnant des montants d'argent assez consistants. Ces sommes faramineuses, souvent décriées par les détracteurs qui l'assimilent à du gaspillage, servent à satisfaire les besoins de festivités. En plus de l'argent à verser, il est courant qu'on offre une panoplie de matériels (montre, radio, tissus, ordinateurs…) pour rendre la jeune mariée belle et joyeuse.

D'habitude, la partie de l'achat de cadeaux était réservée aux femmes, mais pour accélérer les choses, Bassirou décida de s'en occuper lui-même. Il ne pouvait tolérer aucune lenteur, car le temps lui était compté. Dès que la décision fut prise, il appela Abdoul pour qu'il l'accompagnât au centre-ville se procurer le matériel à offrir.

Abdoul était content pour son ami. Il le regardait avec envie et se demandait pourquoi sa situation ne pouvait pas être aussi simple. Dans sa tête défilait un nombre incalculable de questions. En cours de route, il interpella son tandem pour chasser de son esprit ses pensées harassantes :

— Bassirou, sache que tu es en train de te lancer dans un projet très important dans la vie d'un homme : le mariage.

— Oui, c'est vrai, mais j'ai confiance en ma future femme, lui répondit Bassirou.

— Je n'ai aucun doute qu'elle t'apportera joie et bonheur. Elle est une adorable fille.

— Je ferai tout pour la rendre heureuse. Elle et ma mère ont déjà développé une grande complicité et cela est important pour ma stabilité, car je les aime toutes les deux.

— Comme on dit, l'homme ne peut se réaliser sans l'apport constant d'une femme. Est chanceux, celui qui est entouré de merveilleuses femmes.

— En tout cas, Dieu est grand. Je suis très optimiste.

Le chauffeur de taxi interrompit leur discussion en leur indiquant qu'ils étaient arrivés. Ils descendirent de la voiture et commencèrent à parcourir les boutiques. Le centre-ville était jalonné de magasins bien établis, mais également de « magasins ambulants » informels suspendus à l'épaule des vendeurs qui suivaient le client jusqu'à son dernier retranchement. Ils faisaient face à une multitude de choix. Chaque vendeur vantait l'excellence de ses produits même si la plupart sont contrefaits. Alors, qui croire ? Ils finirent par faire appel au service d'une gentille dame qui passait pour éviter de faire des erreurs.

— Bonjour madame, fit Bassirou.

— Bonjour, répondit la madame d'un air étonné.

— En fait, nous sommes là pour acheter un cadeau à offrir comme dot à une fille, et nous voulons des conseils, une aide pour faire un bon choix.

La jeune dame éclata de rire avant d'enchaîner :

— D'habitude, ici au Sénégal ce sont les femmes qui s'occupent de ces choses-là. N'avez-vous pas de sœurs ou une tante ? C'est la première fois que je vois ça, mais je peux vous aider avec plaisir.

— Ah, c'est gentil.

— Bon ! Suivez-moi, je vais vous montrer un bon coin.

Elle les conduisit à une grande boutique spécialisée dans le mariage. Ce commerce, situé à l'angle des rues SANDINIERY ET JEAN-JAURES, attirait l'attention des passants par la clarté et la vivacité de sa coloration orange-bleu. En haut de l'entrée était suspendue une grande enseigne sur laquelle était marqué OSEZ LE MARIAGE. À peine avaient-ils franchi le seuil de la porte principale, qu'un Libanais les accueillit avec un sourire drôle laissant apparaître un large trou entre ses incisives. C'était le responsable des lieux. Comme s'il n'attendait qu'eux, il se mit entièrement à leur disposition. Dans un wolof parfait, il leur demanda l'objet de leur visite. Après les explications de Bassirou, il alla au fond du magasin pour en revenir avec trois emballages contenant, chacun, une bague, des boucles d'oreilles, des bracelets, bref tout le nécessaire pour faire plaisir à sa bien-aimée.

Après avoir choisi celui qui leur convenait le plus, Bassirou remercia infiniment leur guide et lui promit de l'inviter quand la date du mariage serait fixée. Puis, satisfaits et fiers de leur achat, ils reprirent un taxi pour le retour. La discussion dans le taxi, agrémentée par le chauffeur, était à la fois hilarante et excitante. Elle tournait autour des relations de couple, des astuces employées par les femmes pour garder leur mari. Le taximan semblait bien s'y connaître. Chaque mot qu'il prononçait déclenchait une explosion de fous rires. Ainsi s'étaient poursuivies les farces pendant une demi-heure, le temps que dura le trajet jusqu'à la maison de Bassirou.

Sa maman entendit le bruit de la porte. Elle sortit de sa chambre et aperçut les deux acolytes se dirigeant vers elle, les mains chargées de bagages.

— Ah, les enfants, qu'est-ce que vous avez dans les mains ? s'enquit-elle avec empressement.

— Surprise ! Surprise ! répondit Bassirou avec un large sourire.

— Vous ne voulez pas me le dire, alors je vais le savoir.

Comme emportée dans un jeu, elle arracha les sacs et se mit à les déballer. Elle découvrit ainsi avec surprise que son fils avait acheté le matériel pour la dot. Elle était satisfaite des achats et promit d'alerter les tantes qui devaient les emmener à Kaolack.

Une semaine plus tard, le mariage fut célébré.

Bassirou ne perdit pas de temps, le jour même au soir, il disparut avec Latifa dans l'univers hôtelier de Saly Portudal pour convoler en noces. Pendant que son ami Abdoul cogitait sur son avenir avec Aminata, Bassirou et Latifa consommaient les délices des premiers jours de mariage.

Comme il ne restait plus que trois jours avant le départ de Bassirou, le couple rentra alors à Dakar. Ils consacrèrent le restant des jours à la préparation du voyage. Et, le 23 septembre, Latifa accompagna son mari à l'aéroport. Ce dernier s'envola vers Galinda, la capitale de Pétor-Diamant pour prendre ses fonctions. À ce moment précis, il ne savait pas encore que neuf mois plus tard, il allait devenir père d'un beau garçon. Latifa rentra à la maison, elle devait se consacrer aux études malgré une grossesse naissante.

14

Les bons comme les mauvais actes que nous posons semblent
avoir un effet boomerang. Cela veut dire que très souvent, ils
nous rattrapent dans la vie. Ils réapparaissent soit sous forme
d'un monstre qui hante notre sommeil, soit sous le visage
d'un ange qui apaise nos angoisses

Le mois de juin avait bien tenu ses promesses. Dès
son deuxième jour Latifa accoucha d'un joli petit
garçon. Le moment tant attendu était enfin arrivé. Cet
heureux évènement installa le cercle familial dans un
bonheur parfait. Bassirou fut informé. Très impatient
de voir son bébé, il parvint à prendre le prochain vol à
destination de Dakar.

Selon la coutume, sept jours après la naissance, le
baptême de l'enfant doit avoir lieu. C'est à ce moment
qu'on dévoile son prénom. Généralement, c'est une
journée festive et de grandes retrouvailles. De ce fait,
durant toute la semaine, l'essentiel des activités et
des conversations tournaient autour des préparatifs.

Pour accueillir tous les membres de la famille élargie disséminés à l'intérieur comme à l'extérieur du pays, les amis et autres voisins du quartier, leur fournir un service adéquat, des précautions s'imposaient. Depuis son arrivée, Bassirou, aidé par son ami Abdoul, était à temps plein dans les démarches. Quant à sa mère, elle avait mobilisé la gent féminine. Tous ensemble, ils mettaient la main à la pâte pour une réussite totale de l'évènement.

Le père de Bassirou qui devait venir d'Angleterre était très attendu. Sa longue période d'absence avait amplifié l'envie et l'impatience de la famille de le revoir. Beaucoup d'évènements s'étaient passés en son absence, mais cette fois-ci, il avait décidé d'être là. Il avait juré qu'il ne raterait pour rien au monde, le baptême de son premier petit-fils. Comme prévu. la veille, au soir, Bassirou partit l'accueillir à l'aéroport de Dakar.

Le jour du baptême, comme prévu, la cérémonie débuta sur les chapeaux de roue. Tôt le matin, les femmes du quartier, rassemblées par petits groupes, envahirent la maison. Très vite, elles se partagèrent les tâches. Les unes s'occupaient à éplucher les oignons et les pommes de terre pendant que les autres préparaient le *laax*. Ce plat traditionnel fait à base d'une bouillie de mil accompagnée souvent de lait caillé était incontournable lors des baptêmes. Les activités allaient bon train. Vers huit heures du matin, les hommes commencèrent à arriver un à un. Une heure plus tard, un bon nombre était sur place.

Le baptême, comme bien d'autres évènements au Sénégal, a la spécificité de mêler activités culturelles et religieuses. À neuf heures précises, la partie dirigée par l'imam, consistant à donner un nom au nouveau-né, eut lieu. L'imam, après avoir récité des versets du Coran d'abord dans l'oreille droite du bébé puis dans l'oreille gauche, révéla à l'assistance que l'enfant s'appelait Oumar Diop. Concomitamment, un griot musclé et grand, aidé par deux jeunes, s'activait à sacrifier un gros bélier blanc. Aussitôt après, comme si elles n'attendaient que cet instant, les femmes se mirent à servir le *laax* à toute l'assistance venue partager ce moment de bonheur. Les notables et l'imam livrèrent quelques discours rappelant les obligations religieuses avant de retourner à leurs occupations. Le matin se passa dans la quiétude.

Les festivités se poursuivirent avec les invités, familles et amis qui s'adonnaient à différents jeux de société agrémentés de fortes discussions. La musique provenant de deux grosses enceintes placées de part et d'autre de la cour tympanisait tout le monde. Le tohu-bohu émanait de partout. Vers midi, la délégation de Kaolack arriva. Elle était conduite par Satou Niang, la maman de Latifa. Ses frères et sœurs étaient également du voyage. Leur entrée fut spectaculaire. Une femme très corpulente, mais active, passait devant. Elle fredonnait d'une voix suave une chanson que ses compagnes reprenaient à gorge déployée. Au milieu de ces dames, un griot avec un petit tam-tam enserré au niveau de l'aisselle gauche jouait des notes qui faisaient danser certaines femmes. Leur prestation spectaculaire impressionnait plus d'un. Elles avaient le secret, la manie de tournoyer leurs reins et faire bouger leurs fesses dans un mouvement elliptique qui rappelait celui d'un ventilateur en marche. Puis, une femme leva la main pour faire signe aux acteurs d'observer un répit, le temps de faire la présentation des membres de la délégation venue de Kaolack. Elle commença à faire l'éloge de la famille de Latifa. L'ambiance était bon enfant. Mais brusquement, lorsqu'elle présenta Satou au père de Bassirou, le croisement de leur regard eut un effet palpitant. Subitement, comme si elle avait reçu une décharge électrique, la mère de Latifa cria : « QUE FAIS-TU ICI ? », « Voyou, tu pensais qu'on ne se reverrait plus ».

Stupéfait, tout le monde se demandait pourquoi une telle réaction en pleine cérémonie de sa propre fille. Elle sursauta pour l'attaquer, mais les gens s'interposèrent entre eux. Elle se débattait de toutes ses forces pour frapper le père de Bassirou qui se cachait derrière la foule impressionnée. Les hommes tentaient de maîtriser Satou Niang qui pleurait à chaudes larmes. Personne ne comprenait et l'on se demandait ce qui s'était passé entre eux. Était-ce un passé douloureux et sombre qu'elle avait du mal à enterrer ?

On fit entrer Satou Niang dans une chambre. Affaiblie par l'excès d'énergie qu'elle venait de dépenser subitement, elle s'étouffait. Puis après quelques minutes de silence, elle décida de se confesser.

*
* *

C'était il y a environ une vingtaine d'années, le maire de la ville de Dakar venait de lancer une vaste campagne de désencombrement de la ville. Les marchands ambulants, autres commerçants et restaurateurs qui occupaient les voies publiques de façon anarchique et désorganisée allaient subir les conséquences de cette opération. De petits mouvements de protestation se faisaient entendre, mais l'autorité municipale était décidée. Il n'était plus question de continuer à afficher l'image d'une ville impropre. Les femmes qui venaient à Dakar pour exercer le métier de domestique étaient indirectement touchées par cette mesure imminente. La plupart de ces braves dames louaient des restaurants de fortune qui leur servaient de dortoirs. la nuit. Étant donné qu'elles n'avaient nulle part où dormir, elles trouvaient ce subterfuge intéressant d'autant qu'elles payaient entre deux mille cinq cents et trois mille francs CFA par mois. Ces habitats certes précaires et dénués de sécurité leur permettaient de réaliser quelques économies pour aider leurs familles restées au village. Elles étaient même souvent la proie des malfaiteurs qui n'hésitaient pas à les violer.

Devant la menace de déguerpissement qui planait, c'était le sauve-qui-peut. La panique et l'inquiétude se lisaient sur tous les visages de ces *gorgorlou* et autres badauds. Chacun devait trouver au plus vite une alternative pour pouvoir poursuivre ses activités.

Satou Niang était bien concernée. Alors jeune femme, elle était venue à Dakar monnayer ses talents de ménagère. Depuis une semaine, elle réfléchissait, mais ne trouvait aucune solution. Elle n'avait aucun parent à Dakar où se réfugier en cas de difficulté. Et, c'est dans ce contexte-là qu'elle avait rencontré un homme du nom de Bara Touré. Ce type était un bon samaritain. Dès qu'il eut connaissance de la situation de Satou, il lui proposa de louer une chambre dont il paierait les charges. Ils commencèrent à se fréquenter. Bara venait souvent la chercher après le travail. Et à force de se voir, des sentiments qui les rapprochaient de plus en plus naissaient en eux. Un jour, après un repas bien arrosé au restaurant, ils firent un détour à l'hôtel ; et là l'intimité les poussa à passer à l'acte. Le rendez-vous, initialement prévu pour une séance de flirt, vira très vite. Un mois plus tard, Satou qui s'inquiétait du retard inhabituel de ses règles en parla à Bara. Ce dernier, bien que sous pression, dissimula son inquiétude en la rassurant. Il lui conseilla de faire les tests de grossesse pour en avoir le cœur net. Ce que Satou fit sans tarder. Cette seule fois fut suffisante pour tomber enceinte. Sa dernière rencontre avec Bara fut le jour où elle lui avait annoncé le résultat des tests.

En réalité, Bara était un homme marié et père de famille. Il fréquentait Satou clandestinement et n'avait nullement l'intention de l'engrosser. De peur de ternir sa propre réputation, il décida tout bonnement de s'éclipser de la trajectoire de la femme. Satou ne le voyait plus ; la grossesse elle, suivait son cours. Jour après jour, mois après mois, sa silhouette se transformait. Quand la gestation fut bien avancée, elle décida de retourner à Kaolack pour se faire soutenir par les siens. Elle le fit avec regret, tristesse et surtout avec honte en pensant qu'elle devait dire qu'elle ne connaissait même pas où habitait le père de l'enfant qu'elle portait. Elle ruminait une haine farouche envers Bara, ce père qui avait disparu.

Néanmoins, Satou se résolut d'accepter la situation en la considérant comme un coup du destin. Heureusement, elle eut le soutien de toute sa famille à Kaolack qui l'encourageait et l'accompagnait par des conseils jusqu'à son accouchement. La belle Latifa venait de voir le jour. Personne ne connaissait son père en dehors de sa maman. Elle pouvait le reconnaitre de visu, mais ne savait pas où le trouver dans l'univers dakarois.

Satou décida de donner à la fille son propre nom de famille. Même s'il était de coutume de propager les noms de famille par la lignée paternelle, elle décida de déroger à cette règle. Elle était fâchée et n'était même pas sûre que le nom de famille de Bara fût bien Touré. Elle doutait de tout ce qui le concernait. Sa famille avait fait des recherches sur l'homme, en vain.

*
* *

En réalité, le subterfuge que ce dernier avait utilisé pour éviter de se faire retracer venait d'être découvert. Il avait déclaré un faux nom de famille à Satou. Au lieu de Diop, il lui avait donné Touré. En procédant ainsi, Bara pensait commettre un délit parfait en disparaissant dans la nature.

Cette histoire venait de le rattraper au moment où il s'y attendait le moins. Ne pouvant plus supporter les regards interrogateurs et haineux de l'assistance, il sortit de la maison et disparut dans la ville sans laisser d'adresse. On ne le revit plus. S'était-il suicidé ? Était-il retourné en Angleterre ? En tout cas, depuis ce jour, ces questions n'avaient pas trouvé de réponses.

Tout le monde était bouche bée. L'ambiance festive s'estompa brusquement. Les gens s'étonnaient et s'interrogeaient sur l'avenir du jeune couple. De toute évidence, Bassirou et Latifa avaient le même père. L'aventure du mariage ne pouvait plus continuer. Leur amour était réel, mais leur union était impossible.

Latifa n'en revenait pas. Elle était dépassée par cet incident inimaginable dont l'une des conséquences serait de jeter à l'eau son mariage avec Bassirou. Elle se retira discrètement pour s'enfermer dans sa chambre.

Après environ trois quarts d'heure, les esprits s'apaisèrent. Satou comprit qu'elle n'avait plus le choix, qu'elle était incapable de remonter le temps avec des pleurs. Elle devait accepter cette situation regrettable. Elle se dirigea vers la chambre pour consoler sa fille. Elle toqua plusieurs fois, mais Latifa n'ouvrit pas. On fit défoncer la porte. À la surprise générale, Latifa gisait au sol dans une mare de sang. Elle fut transportée d'urgence à l'hôpital où son décès fut constaté une heure plus tard.

Les funérailles de Latifa furent organisées dans l'émoi et le désarroi. Les jours suivants étaient calmes et teintés d'une tristesse indicible. Bassirou ne passait pas une journée sans piquer une crise nerveuse. Chaque fois qu'il voyait un objet ou une chose qui appartenait à Latifa, il sortait de ses gonds et devenait inconsolable. Finalement, il décida d'écourter son séjour, confia le bébé Oumar à sa mère et retourna à Pétor-Diamant.

15

Souvent, il suffit d'un petit courage qui permet de prendre une petite décision pour changer toute une vie. Quand la porte en face se ferme, il arrive souvent que celle à droite ou à gauche nous offre un passage. Mais il faut juste oser changer de direction.

Le week-end était très animé. C'était la finale de la coupe du Sénégal de football opposant le Jaraaf de Dakar à la Jeanne d'Arc. De retour du stade, pris dans le trafic, Abdoul dut faire de nombreux détours avant de se libérer des longs embouteillages. Ce jour-là, il rentra tard à la maison. Malgré sa fatigue, le lundi matin, il se réveilla tôt, mais eut du mal à se lever du lit. Il y resta encore pour quelques minutes, les yeux fermés, l'esprit envahi par une série de pensées lugubres. D'un geste brusque et machinal, il sursauta, s'assit au milieu du lit, la tête entre les deux mains. En face de lui, le miroir accroché au mur lui renvoyait l'image de son visage dépressif, visiblement stressé par une série de nuits blanches. Malgré la fatigue, il fit l'effort de se lever. Comme à l'accoutumée, il prit sa douche, son petit déjeuner et sortit de la maison en direction de son lieu de travail. Après une quinzaine de minutes au volant de son véhicule, il se retrouva en plein centre-ville de Dakar.

Ce matin d'octobre n'avait apparemment rien de particulier. À travers les vitres de sa 4X4, il balayait du regard cette atmosphère désordonnée où marchands ambulants, mendiants, cordonniers matinaux se livraient une rivalité sans merci pour se positionner de façon stratégique sur les grandes artères pour mieux gagner leur journée. Bien qu'ayant l'esprit troublé, il constatait avec satisfaction l'animation qui battait son plein. Il y avait une forte présence de jeunes affichant une volonté ferme de se prendre en charge malgré une conjoncture difficile. La circulation des véhicules et des piétons était encore fluide, mais le décor macroscopique n'avait pas changé. Les vitres des bâtiments imposants qui abritaient les bureaux des professionnels et autres fonctionnaires miroitaient et réfléchissaient les rayons du soleil naissant. Il se fraya un passage qui le conduisit devant un imposant immeuble en face de la place de l'obélisque. Il se gara à sa place habituelle, sortit de la voiture, salua les quelques badauds et autres vendeurs ambulants ; certains en leur serrant la main, d'autres en leur jetant un sourire. Il monta les escaliers jusqu'au deuxième étage où se situait son bureau. Il y entra paisiblement et se mit au travail.

Vers dix heures, il partit au quatrième étage répondre à son directeur qui tenait à le voir. Quinze minutes plus tard, Abdoul, un gros sourire fendant jusqu'aux oreilles, sortit du bureau de monsieur Elias. Il venait d'apprendre son affectation à Pétor-Diamant, un pays d'Afrique Centrale. La nouvelle qu'il avait tant attendue venait enfin d'arriver.

La semaine suivante, Abdoul informa mère Nafi de son départ prochain. Cette dernière voulait en savoir plus sur les raisons, mais Abdoul esquiva toutes ses questions en brandissant l'argument de décision administrative. Évidemment c'était mensonger. Il voulait partir et c'est lui qui en avait fait la demande. Il ne voyait plus aucune raison de rester au Sénégal. Cette fois, il voulait montrer que l'enfant, manipulable et corvéable à souhait, avait grandi et que ses décisions avaient leurs importances. Mère Nafi ne comprenait pas Abdoul. Elle lui rendait la vie difficile et sa relation avec Aminata se compliquait de jour en jour. De ce fait, le jeune consultant en droit des affaires, en début de carrière dans son propre pays, apparemment privilégié par rapport à bon nombre des jeunes de son âge, était obligé de partir. Il était coincé entre les désirs opposés de deux femmes influentes dans sa vie et dont la satisfaction de l'une équivaudrait à la vexation de l'autre. Il se disait : « Mère Nafi ne comprend toujours pas que je suis majeur. Je la comprends. Elle est comme beaucoup de parents qui tombent dans ce piège. Les années s'écoulant vite, les enfants deviennent majeurs sans qu'ils ne s'en rendent compte. Et ils ne peuvent pas admettre que ces derniers prennent des décisions. Je n'ai pas d'autre choix. Il faut que je parte loin d'ici. »

Trois mois plus tard après le malheureux incident au baptême, Abdoul débarqua à l'aéroport de Galinda à la capitale de Pétor-diamant. Bassirou, prévenu de l'heure d'arrivée, était déjà présent à l'aire d'attente des voyageurs pour l'accueillir. Après avoir accompli les formalités d'usage à la descente de l'avion, il suivit la file de passagers qui marchaient en file indienne vers la sortie. Une fois à l'extérieur, il n'eut pas beaucoup de difficultés à apercevoir son ami. Après une longue et chaleureuse accolade, ils marchèrent côte à côte vers la voiture tout en poursuivant leur conversation.

— Eh, mon ami, j'espère que le moral est bon.

Abdoul observa un petit moment de silence avant de poursuivre :

— Oui oui… Et toi ? Comment ça va ?

— On ne se plaint pas. Tu m'as vraiment manqué. Et le voyage ?

— Ah, ça s'est très bien passé. En fait, la distance n'est pas si longue. Avec le confort de l'avion, je n'ai même pas vu le temps passer.

— Oui, c'est vrai.

Spontanément, ils se turent comme pour éviter d'aborder des sujets troublants. Bassirou qui connaissait bien la ville, le conduisit directement au logement de fonction que la compagnie lui avait réservé. C'était une grande maison située dans un quartier huppé et paisible de la ville. L'intérieur du bâtiment central était luxueusement meublé par un salon marocain, des lampadaires dorés, des tapis persans et bien d'autres objets de valeurs accrochés çà et là. Une piscine soigneusement entretenue occupait la presque totalité de l'espace de l'arrière-cour. Bref, les conditions étaient bien réunies pour s'épanouir et se reposer pleinement après une journée de travail bien remplie.

Une semaine après son arrivée, Abdoul, sans tarder, commença son nouveau travail. Le premier jour, il se présenta à ses nouveaux collègues qui l'attendaient déjà depuis que le poste avait été octroyé. Tout le monde semblait content de sa venue. L'ambiance était détendue. Malgré l'isolement géographique, loin des siens, Abdoul ne se sentait pas dépaysé. Il trouvait la mentalité des Pétor-Diamantais très similaire à celle des Sénégalais, ce qui facilitait grandement son intégration. Jovialité, sens de l'humour, solidarité dans l'épreuve étaient les comportements qu'il entrevoyait. Il aimait bien la vie apparemment sans stress, simple et très détendu de ses collègues.

Quelques jours avaient suffi pour qu'Abdoul se convainquît du bon choix qu'il avait fait en décidant de venir à Pétor-Diamant. Il trouvait le pays magnifique, la population chaleureuse et les jeunes filles d'une beauté rare. Il n'eut aucun mal à s'intégrer.

Pendant ses heures perdues, il partait souvent chez Bassirou. Ensemble, ils aimaient aller au cinéma, manger au restaurant et, de temps à autre, visiter des sites touristiques. Ils se voyaient régulièrement comme quand ils étaient étudiants. La fibre patriotique, la galère universitaire et leurs destins quelque peu similaires les avaient tellement rapprochés qu'ils se considéraient comme des frères. Les fins de semaine, ils avaient le temps d'aborder toutes sortes de sujets dans leurs conversations, mais évitaient sciemment de parler de « femmes » par peur de réveiller de douloureux souvenirs. Ils continuèrent ainsi jusqu'au jour où, pendant l'une de leurs promenades vespérales, ils aperçurent une fille d'une beauté presque irrésistible sur le trottoir attendant un taxi. Cette belle nymphe, à la beauté angélique, aux yeux de biche, aux lèvres artistiquement taillées, au bout de nez pointu, le tout disposé adroitement sur son visage rond au front éclatant, ne passait pas inaperçue. Instinctivement, Abdoul proposa de l'embarquer pour la déposer gratuitement à l'endroit où elle voulait se rendre. Malgré un brin d'hésitation de son ami Bassirou, ils s'arrêtèrent devant elle et lui firent la proposition qu'elle accepta. En route la discussion commença.

— Je ne veux pas être indiscret, mais j'ai une forte envie de vous demander votre nom, fit Abdoul.

La fille laissa apparaître un sourire et répondit.

— Devine.

— Je ne suis pas fort en devinette, mais souvent les belles filles comme toi ont souvent des noms commençant par S ou bien L, ou bien M…

— Ah bon. Hahaha, hahaha, fit la fille. Tu es passé à côté, je m'appelle Claudine.

— Enchanté Claudine, moi c'est Abdoul et mon

ami Bassirou. Où est-ce que tu vas ?

— Je m'en vais à mon travail. Je suis serveuse au restaurant MARINDI.

— C'est vers où ?

— Vous devez être nouveaux dans ce pays. Tout le monde ici connaît ce restaurant. C'est l'un des restaurants les plus huppés de la ville. Je vais vous indiquer le chemin.

— OK, ça marche. On suit tes directives.

Après une dizaine de minutes, ils aperçurent l'immense insigne du restaurant MARINDI et se stationnèrent devant la porte.

— Si vous n'y voyez pas d'inconvénient, pourriez-vous me donner votre numéro ? lui demanda Abdoul.

— Bien sûr, répondit-elle.

Et elle le lui dicta.

À partir de ce jour, Abdoul fut littéralement fasciné non seulement par la beauté mais aussi l'intelligence de Claudine. La semaine qui suivit leur rencontre fut marquée par des conversations téléphoniques régulières, presque tous les soirs. La sensualité de la fille avait atteint le cœur d'Abdoul et semblait s'accompagner d'une fraîcheur qui éteignait progressivement sa flamme pour Aminata. De jour en jour, il se rendait compte qu'il s'enfonçait dans les méandres d'un amour inconditionnel pour Claudine.

Contrairement à Bassirou qui, depuis sa mésaventure avec Latifa, ne s'intéressait plus aux femmes, Abdoul trouvait de jour en jour en Claudine une véritable source d'apaisement intérieur. Il était particulièrement séduit, voire même envoûté par cette beauté de la nature. Au fil du temps, la proximité aidant, ce qui ressemblait à une amitié au début s'était mué finalement en liaison amoureuse. Une nouvelle relation était née. Après à peine quelques mois, la décision de mariage fut prise. Les deux tourtereaux avaient très vite cimenté leur lien, ils devaient en parler à leurs parents respectifs.

Comme ce fut le cas avec Aminata, Abdoul ne parvint pas convaincre mère Nafi qui resta cramponnée sur sa position. Pour elle, Abdoul trahissait son oncle et sa famille en épousant une étrangère. Elle lui signifia clairement qu'elle n'avait pas sa bénédiction, mais le jeune homme était décidé à ne plus prendre en compte les remarques de la tante et de faire ce que son cœur lui dictait. Il ne restait plus qu'à convaincre les parents de Claudine.

Monsieur et Madame Kamanzi ne voyaient pas non plus cette union d'un bon œil. Bien qu'ils eussent constaté que les deux jeunes se fréquentaient depuis un certain temps, une liaison amoureuse n'avait jamais effleuré leur esprit. Ancrés dans leurs traditions et d'un conservatisme sans faille, ils ne pouvaient imaginer leur fille épouser un étranger. Le poids et l'importance qu'ils donnaient à un mariage endogamique étaient énormes. Et, Claudine devait se soumettre à leur volonté. Quand la nouvelle leur fut annoncée, ils accusèrent un grand choc. Par conséquent, ils opposèrent un refus à cette union et tentèrent de faire changer d'avis à leur fille. Mais, cette dernière était sourde à toute idée qui pourrait l'éloigner d'Abdoul. Finalement, les parents cédèrent devant la détermination de Claudine à conserver celui qu'elle considérait comme son trésor, sa raison d'être. Soucieux du bonheur de leur fille, ils acceptèrent, malgré eux, la demande en mariage d'Abdoul.

La date de la cérémonie célébrant l'union fut fixée. Le jour convenu, mère Nafi qui devait diriger la délégation venue du Sénégal brillait par son absence à cause de sa furie contre Abdoul. Cramponnée sur sa position, elle trouvait inconcevable, et irrespectueux que ce dernier refusât de suivre ses directives qui étaient d'épouser sa fille Sagar.

Malgré tout, le mariage fut célébré et une année et demie de vie commune avait suffi pour que, de ce jeune couple, naquît une belle petite fille nommée Asta. Ils formaient une famille certes petite, mais très soudée. La proximité avait développé des rapports d'affection très solides entre eux. Chaque dimanche, vers dix-huit heures, on les voyait profiter d'une promenade pour boucler la semaine. C'était un spectacle captivant de voir Abdoul s'adonner à des enfantillages avec sa fille. Ainsi, la petite Asta grandissait paisiblement dans cet environnement de joie et de bonheur propice pour son développement sur tous les plans.

16

La guerre dénature l'homme, lui ôte une bonne partie de son humanité. Elle le réduit à l'état de barbare, d'écervelé, de bête sauvage. C'est sur le terrain de la guerre que l'homme se permet tous les coups fourrés. Dans de telles circonstances, il n'est pas rare de voir des garçons tels des béliers dans un cheptel commettre, en toute impunité, en toute insouciance et dans une joie coupable, sans gêne, des viols sur des femmes qui peuvent avoir parfois l'âge de leur mère. On peut y voir également des hommes perpétrer le même forfait avec une violence inouïe sur des filles qui ont parfois l'âge de leurs petites filles. C'est sur le terrain de la guerre que des voisins peuvent perdre la tête au point de ne plus se reconnaitre et de se faire les pires formes d'atrocités.

Depuis son arrivée à Pétor-Diamant, Abdoul ne cessait d'apprécier le pays. Il y était heureux. Son épanouissement était total aussi bien à son travail que dans sa petite famille. Mais, durant les deux dernières années, des crises répétitives opposant les Zokirs aux Vorus secouaient par moment la tranquillité et la bonne marche du pays. Ces deux principales ethnies de Pétor-Diamant vivaient la plus grande divergence de leur histoire. Les rapports jadis sereins étaient on ne peut plus tendus et présageaient d'un conflit imminent.

Traditionnellement, les Zokirs musulmans s'activaient dans l'économie informelle et les Vorus occupaient les postes hérités de l'administration coloniale. Avec le modernisme et la scolarisation de plus en plus grandissante des enfants Zokirs, l'obligation d'une répartition plus équitable des emplois dans les différents domaines s'était vite imposée. En effet, les jeunes Zokirs, ayant réussi brillamment leurs études, refusaient de se contenter des boulots subalternes habituellement occupés par leurs parents. Ce qui fit naître un vent de contestation dans ce pays qui, jusque-là, baignait dans la tranquillité. Les jeunes étaient déterminés à combattre les discriminations dans les recrutements, surtout ceux de la fonction publique. Pour atteindre leur objectif, les Zokirs, plus nombreux, s'investirent dans la voie démocratique pour conquérir le pouvoir.

Cette année-là coïncidait avec l'organisation des élections présidentielles démocratiques du pays. La campagne électorale à Pétor-diamant battait son plein et on observait quelques agitations çà et là. Elle était rudement disputée, mais vers la fin, tous les sondages étaient unanimes que, Mawalid, le candidat des Zokirs serait élu dès le premier tour avec plus de 60 % des voix. Bientôt, ce pays, au sous-sol riche en pétrole, or et diamond, serait géré pour la première fois par un président musulman. La peur des Occidentaux de perdre leur intérêt dans la région les poussa à entrer dans la danse. Avec la complicité du président sortant, ils décidèrent de saboter subtilement les élections. Ainsi, sous prétexte de maintenir la sécurité et protéger les populations, des troupes occidentales furent expédiées sur le terrain. Au soir de l'élection, un grand hold-up électoral fut organisé. Mark Zingbo le président sortant cria sa victoire avant même que le Conseil constitutionnel n'eût le temps d'annoncer les résultats. Cette déclaration jeta l'huile sur le feu et plongea ce petit pays dans la plus sombre phase de son histoire. En un temps record, le pays passa d'un havre de paix à un théâtre d'une des guerres les plus sanglantes de l'histoire de l'humanité.

Les Zokirs furieux, armés de haches, de machettes et de divers autres objets dangereux se livrèrent à une guerre sans merci contre les Vorus. Sans gêne ni scrupule, ils s'entretuèrent. Véritable folie humaine, ce remue-ménage, ce chaos à échelle nationale, n'avait pas épargné Abdoul. Sentant sa famille exposée, il décida de quitter le quartier où il habitait et qu'il jugeait de moins en moins sécuritaire. Il partit avec sa femme et sa fille se loger à l'hôtel MIEL-DE-NUIT, pensant que dans quelques jours, la situation allait redevenir normale. Mais contrairement à ses attentes, l'hôtel s'emplissait de jour en jour d'individus désorientés, déboussolés et inquiétés par la tournure macabre des évènements. Presque tous les Zokirs persécutés, poursuivis et menacés y finissaient leur course. Au bout d'une semaine, l'hôtel était plein à craquer.

Quand la guerre éclate, beaucoup de forces occultes ou sataniques s'en mêlent. Et cette fois-ci, c'était l'organisation secrète très puissante ERPI. Elle a un double objectif : réduire la population du globe pour mieux gérer les ressources de la planète et éliminer l'islam dans le monde. Pour eux, les changements climatiques sont dus au surpeuplement et la plupart des troubles sociaux actuels sont imputables à la religion musulmane. Donc, pour rétablir l'ordre dans le monde, la seule solution est de freiner l'expansion de ces deux fléaux en brisant les forts taux de natalité des pays pauvres et en décimant l'empire musulman.

ERPI est peu connue, car elle est la face cachée de la fondation EXADIS présente dans la plupart des pays dits sous-développés. Cette fondation exécute la mission d'ERPI tout en se présentant comme un organisme caritatif œuvrant pour la santé des populations vulnérables, notamment les femmes et les enfants.

Tous les produits qu'ils distribuent pour soi-disant soigner des maladies ont des effets pervers allant dans le sens de détruire la fécondité chez la femme. Si une injection soigne la rougeole, le paludisme ou la méningite, elle provoque également la stérilité et l'impuissance à long terme. Le marché noir est inondé de leurs produits que les revendeurs présentent com-me des aphrodisiaques, mais qui, en réalité, détruisent la virilité chez les hommes. Ils se déploient surtout dans les pays en guerre pour exploiter la vulnérabilité des populations déboussolées. « Le malheur des uns fait le bonheur des autres. » dit le proverbe.

Les responsables de la fondation EXADIS ne pouvaient donc rater le théâtre des opérations à Petor-Diamant. Dès qu'ils remarquèrent la ruée vers ce réceptacle hôtelier, ils se présentèrent tels des prédateurs face à des proies sans défense. Cette fois, ils prétextèrent amener des vaccins contre certaines maladies contagieuses pour atténuer tout risque de contamination entre les gens. Ainsi, ils contactèrent le propriétaire à qui ils expliquèrent leur mission soi-disant « humanitaire ».

Lorsqu'ils entamèrent leurs basses manoeuvres, l'effet dévastateur de leurs injections commenca très vite à faire ses effets. La santé des uns déclinait exacerbant l'inquiétude des autres pensionnaires de l'hotel. Le propriétaire ne savait plus où donner de la tête. La situation s'empirait. Il ne comptait plus le nombre de morts qu'on ramassait du matin au soir.

Après quelques jours d'investigations, il découvrit le pot aux roses, mais la fondation décida de jouer carte sur table en lui proposant une somme alléchante pour qu'il continue de fermer l'oeil sur les agissements macabres de leur laboratoire dont le but était de commettre le maximum de dégâts.

Le propriétaire de l'hôtel était un homme dans la cinquantaine. C'était un Voru qui avait une femme Zokir. C'est pourquoi d'ailleurs, les miliciens Vorus épargnaient son hôtel des pillages et saccages, protégeant ainsi les biens de leur propre frère de sang.

Mais, depuis qu'il avait découvert les intentions bassement inhumaines de la fondation, le propriétaire qui avait accepté le contrat juteux souffrait en silence. Guidé par l'appat du gain, il l'avait signé à contre-coeur. Il supportait mal l'exploitation des Zokirs et se sentait complice de cette ignominie. Pour se donner bonne conscience, il décida alors de diffuser en catimini la réalité sur l'effet des vaccins. Par pitié, il ne pouvait plus se pardonner d'exposer les Zokirs à ce massacre latent. Il était triste d'assister à cette exploitation de l'homme par l'homme. Et, chaque fois qu'il en avait l'occasion, il conseillait, en cachette, aux Zokirs qu'il croisait de refuser le vaccin.

Quand Abdoul eut vent de la rumeur, il décida de quitter l'hôtel. Non seulement il pressentait un coup fourré provenant des Vorus qui pourrait arriver à tout moment, mais il ne pouvait accepter ce vaccin dont l'incidence sur sa santé ainsi que celle de sa famille serait néfaste. Le même soir, il partit voir le proprié-taire :

— Bonsoir monsieur le directeur.

— Bonsoir monsieur.

— Je voudrais savoir si c'est si dangereux dehors ?

— Pourquoi ?

— parce que je veux quitter l'hôtel.

— Ah bon ! Es-tu Voru ou Zokir ? lui demanda le directeur.

— Ni l'un ni l'autre. Par contre, ma femme est

Zokir, répondit-il.

— As-tu une pièce d'identité ?

— Oui, je suis sénégalais.

— En tout cas, c'est dangereux. Je ne sais pas pour toi, mais pour ta femme, c'est sûr qu'ils vont la tuer si elle sort. Les Vorus dominent présentement et sont en train d'exterminer tous les Zokirs qu'ils croisent. Ils te demandent une pièce d'identité. Comme ici à Pétor-Diamant, l'ethnie figure sur la carte, ta femme qui est Zokir n'y échappera pas.

— Cela va durer encore combien de temps ?

— Je n'en sais rien. Cette folie et cette barbarie humaines me dépassent. En tout cas, je ferai de mon mieux pour vous protéger ici.

— D'accord, merci.

Abdoul, ne sachant quel parti prendre, décida de fuir avec sa fille pour la sauver. « Je ne vais pas faire prendre de risque à ma femme mais je vais tenter de sauver ne serait-ce que ma fille. » Pensa-t-il. Il attendit la tombée de la nuit et sortit discrètement avec Asta. Tout se fit à l'insu de Claudine.

Dans les rues, quand ils croisaient les miliciens, Abdoul leur montrait sa carte d'identité sénégalaise et leur disait qu'Asta était sa fille et qu'à deux ans et demi, elle n'avait pas encore de carte d'identité. Ainsi, après plusieurs péripéties, il réussit ainsi à conduire jusqu'à l'aéroport pour prendre l'avion qui l'amena à Dakar.

Au réveil, Claudine se rendit compte de l'absence de sa fille et de son mari. Elle ne vit l'ombre ni de l'un ni de l'autre. Dans un premier temps, elle crut qu'ils étaient entre les mains des miliciens. Elle partit interroger le propriétaire qui lui expliqua le plan d'évasion d'Abdoul. Elle n'en revenait pas. Elle retourna sur ses pas pour s'engouffrer à nouveau dans son coin. Se retrouvant seule, fatiguée, triste, meurtrie et déchirée par les évènements, elle pensait : « Mes parents avaient raison de craindre ce mariage. Qui m'aurait dit qu'Abdoul était si sadique, si méchant...» Elle regrettait et une peur féroce la tenaillait au ventre. Puis, l'instinct de survie aidant, elle reprit une certaine lucidité. « Contre mauvaise fortune bon coeur. » Heureusement, elle n'était pas seule. Elle décida de prendre son courage et de s'associer aux souffrances des autres Zokirs tout aussi terrorisés par les images de morts qui hantaient leur sommeil jour et nuit.

Après quelques jours passés à l'hôtel, la rumeur s'était répandue comme une traînée de poudre. Tout le monde savait les effets dévastateurs du vaccin. Les Zokirs s'étaient passé le mot. Et comme un mot d'ordre, tout le monde refusait le vaccin. La fondation impuissante devant cette rébellion quitta les lieux. Et au lendemain de leur départ, comme s'il n'attendait que ce moment, un commando fou y débarqua. Armés jusqu'aux dents, ils tiraient dans tous les sens. Le gentil propriétaire atteint d'une balle succomba du haut du balcon au premier étage. Les coups de rafales durèrent une dizaine de minutes puis les assaillants disparurent dans la nature. Les survivants se regroupèrent pour quitter l'hôtel en vitesse. Après de multiples soubresauts, Claudine eut une chance inouïe en finissant sa

course dans un camp de réfugiés dans le pays voisin.
Pendant ce temps, Abdoul poursuivait son chemin qui le mena au Sénégal avec sa fille. Il alla la déposer chez sa mère à Felata, loin de tout danger. De toutes les façons, il ne pouvait plus la confier à mère Nafi, car depuis sa décision unilatérale de se marier avec Claudine, le torchon brûlait entre eux. Mère Nafi avait perdu son combat pour le mariage de sa fille et en voulait à Abdoul. Elle avait coupé les ponts, ne lui parlait plus et ne lui répondait même plus au téléphone. À la naissance d'Asta, elle n'avait manifesté aucun intérêt et n'avait fait aucun effort pour célébrer la venue au monde du bébé.

Asta étant maintenant placée en lieu sûr, Abdoul décida d'aller chercher sa femme. La vie sans elle était inimaginable. La seule pensée qui revenait dans sa tête comme un leitmotiv était de retourner sur le théâtre des opérations. Chaque fois qu'il en parlait, ses proches le décourageaient en lui rappelant les dangers liés à une telle mission. « Tu risques ta vie » lui disaient certains, « Une femme en vaut-elle la peine ? » se questionnaient d'autres. Mais son amour était plus fort que tout. Il avait l'effet d'une cloche qui lui martelait la conscience. Du matin au soir, il ne pensait qu'à Claudine. Après trois jours d'hésitation, il reprit le chemin inverse pour aller la chercher malgré les avis contraires.

Mais, comme certains l'avaient prédit, dès son arrivée, il se fit capturer par un groupe de jeunes lourdement armés qui sillonnaient les rues. De teint clair, Abdoul passait pour un Zokir. Les miliciens Vorus ne lui laissèrent pas le temps d'expliquer quoi que ce fût, ils l'embarquèrent de force dans leur voiture blindée, et après l'avoir torturé, le jetèrent dans une de leurs nombreuses prisons de fortune.

C'était une prison horrible. Une pléthore de détenus mal traités s'y promenaient désespérément pendant la courte période de détente journalière. En cellule, ils étaient entassés de jour comme de nuit. Une odeur nauséabonde vous attaquait dès que vous vous approchiez de la porte. La promiscuité et l'insalubrité exacerbaient les risques de propagation de maladies graves et contagieuses. Abdoul faiblissait au fil du temps, il avait peur de mourir dans ces conditions atroces de détention ou d'en sortir avec une maladie grave, voire incurable. Mais chaque fois que la profondeur de ses pensées l'amenait à vouloir éclater en sanglots, il repensait aux raisons qui l'avaient mené dans ce coin perdu, et subitement il se calmait. Il se disait : « Mon amour pour Claudine vaut plus que tout. Si c'était à refaire, je le referais. Comme tôt ou tard, il faudra bien mourir de quelque chose, je préfère mourir d'amour pour ma femme. » Ainsi dignement, il supportait en silence la peine quotidienne de ces longues journées noires.

Bassirou n'était pas inquiété pour sa sécurité malgré l'intensité des combats. En tant que fonctionnaire de l'ONU, il bénéficiait non seulement d'une certaine immunité, mais également d'une protection rapprochée pendant la guerre. Cependant, il ne pouvait plus dormir convenablement. Même s'il n'était pas directement concerné par la guerre, il vivait une certaine angoisse entretenue par le flou qui planait sur l'avenir de son ami. Il lui arrivait de s'emporter dans une réflexion en se disant : « Les relations amicales et parentales deviennent, à la longue, le centre d'inertie de notre vie. Si elles sont perturbées, elles nous déséquilibrent et affectent profondément notre confort. » Il était de plus en plus préoccupé par la situation d'Abdoul. « Où doit-il se trouver ? Comment faire pour avoir de ses nouvelles ? » se demandait-il. Après réflexion, il pensa à Mor Ka, l'ex-ami du défunt oncle d'Abdoul, qu'il n'hésita pas à appeler.

— Allô, Oncle Mor, comment allez-vous ? C'est Bassirou, l'ami d'Abdoul.

— Je vais bien, Bassirou. Et toi ? Ça fait un bail ! Comment ça va « mon fils » ?

— Ça va. Mais suis un peu inquiet. Je ne vais pas trop vous retenir. Avez-vous des nouvelles d'Abdoul.

— Oui, il était venu au Sénégal, mais il est reparti à Pétor-Diamant pour chercher sa femme après avoir déposé sa fille Asta au village. Nous l'avons beau dissuader de ne pas y retourner, mais il ne voulait rien savoir. Hélas. Depuis un mois, on n'a plus de ses nouvelles, même pas un coup de fil.

— Ah bon, je vais essayer de faire des efforts de mon côté pour voir si je peux le retrouver.

— D'accord, merci pour tout.

— De rien

Bassirou raccrocha le téléphone. Il prit une grande bouffée d'oxygène avant de se prendre la tête. À partir de ce moment, il mesura l'ampleur du danger qu'encourait son ami. Il fallait agir et vite. Le lendemain, il commença ses investigations. Désormais à longueur de journée, il investissait son temps et son argent à la recherche d'Abdoul. L'ampleur des dégâts et le nombre impressionnant de morts, en un temps record, pesaient sur sa motivation. Il craignait fort bien que son ami en fît partie. Cependant, il ne perdait pas espoir même s'il savait qu'il était peu probable de le retrouver vivant. En plus, même si l'hypothèse du décès n'était pas exclue, il devait en avoir le cœur net. Après plusieurs démarches infructueuses, il eut l'idée de promettre des récompenses à des miliciens qui pourraient l'aider à retrouver son ami. Cette stratégie fonctionna bien, car un mois plus tard, après d'intenses recherches, un groupe de miliciens, à qui il avait promis beaucoup d'argent, sortirent Abdoul de cette privation arbitraire de liberté. Ils réclamèrent leur rançon et, sans expliquer davantage, déposèrent Abdoul loqueteux et malade chez son ami de toujours.

Bassirou le conduisit chez lui. Il le laissa se doucher, manger pour reprendre des forces et se reposer. Puis deux jours plus tard, il l'aida à prendre l'avion pour rentrer au Sénégal.

17

Quand un malheur doit s'abattre sur une famille, nul ne peut prédire celui qui sera épargné. Il arrive que vous plantiez l'arbre dont les fruits contiennent le poison qui vous tuera.

L'aéroport de Dakar avait gardé son ambiance habituelle. Abdoul arriva dans l'anonymat total. Son accueil n'était en rien différent de celui d'un touriste étranger. Il se faufila tristement entre les voyageurs pour gagner la sortie après moult formalités administratives. Personne n'était là pour l'accueillir. À l'extérieur, il se débrouilla tant bien que mal pour prendre un taxi qui le déposa chez mère Nafi. À son arrivée, il sonna à plusieurs reprises en vain. Puis, après avoir constaté que les serrures étaient restées inchangées, il prit de son sac la clé qu'il utilisait avant son départ et ouvrit la porte. Il n'y avait ni mère Nafi ni Sagar. La poussière sur les murs et les quelques toiles d'araignées donnèrent l'impression d'une maison inhabitée depuis belle lurette. Que s'était-il passé ? Il ressortit aussitôt pour trouver un voisin qui pourrait le renseigner.

Dans la rue, Abdoul aperçut, à quelques pâtés de maisons, le vieux Yague Sène qui s'éloignait clopin-clopant. Il marchait péniblement, s'appuyant sur une canne métallique. Son corps presque centenaire croupissait sous le poids de l'âge et des difficultés de la vie. Malgré son apparence d'indigent et son habillement en loques, il était la mémoire du quartier. Il avait dans son esprit tous les secrets de la contrée qu'il partageait généreusement avec son entourage. Son entregent légendaire et son esprit de solidarité attiraient en permanence les gens autour de lui. Devant le kiosque de pain qu'il tenait, on voyait toujours deux, trois jeunes ou plus qui lui tenaient compagnie et il se plaisait de leur raconter des petites histoires du passé.

Abdoul marcha d'un pas ferme avant de rattraper le vieux Yague à l'extrémité de la rue. Ce dernier fut surpris de le voir. Après un grand éclat de joie suivi d'une accolade, le vieux invita Abdoul à s'asseoir sur le banc public à deux pas de là. Tout en sourire, il enchaîna :

— Oh, Abdoul mon fiston, depuis quand es-tu revenu ?

— Aujourd'hui, fit Abdoul timidement.

— Tu as changé mon fils. On dirait que tu étais malade, tu as maigri. Que s'est-il passé ?

— Ah, oncle Yague, tu sais, j'ai rencontré plein d'écueils dans ma vie hors du pays. Je te raconterais plus tard tous mes déboires à Pétor-Diamant, continua Abdoul.

— Oui, c'est vrai, on a tout notre temps. Fiston la vie n'est pas facile. Par la grâce de Dieu, je tiens toujours, mais moi aussi j'étais très malade. Tu sais après le décès de ta tante…

Abdoul fit un bon et se tint debout. Les battements de son cœur s'accélérèrent. Les yeux embués de larmes, il interrogea le vieux.

— Ma tante ? Quelle tante ? Ma tante Nafi est décédée ?

— Je suis désolé fiston. Je ne savais pas que tu n'étais pas au courant. Ta tante est malheureusement morte suite au cambriolage manqué qui a conduit ta cousine en prison.

Abdoul s'écria :

— Qu'est-ce que tu racontes là ? Quelle cousine ? Sagar ?

— Oui fiston. Viens. Rentrons à la maison. Sois discret. Ne montre pas ta colère et ta souffrance aux gens, ils pourraient l'utiliser contre toi. Je pense que tu as manqué des évènements. Allons-y, je vais te raconter tout ce qui s'est passé à ton absence.

Les deux hommes se levèrent retournèrent sur leurs pas. Arrivés à la maison, ils s'installèrent au salon dont l'ornement des murs rappelait avec insistance la vie de mère Nafi. On pouvait voir ses photos de la dernière campagne électorale accrochées çà et là. Le vieux Yague commença à détailler de fond en comble les circonstances de la mort de Nafi. Très vite, Abdoul se rendit compte qu'il n'était pas le seul sur qui un mauvais sort s'était abattu. Pendant son emprisonnement à Pétor-Diamant, beaucoup d'incidents malheureux étaient aussi survenus dans la famille au Sénégal.

En effet, Sagar, n'ayant pas eu la chance de se reprendre après sa crise d'adolescence hautement agitée, s'était profondément enfoncée dans la débauche. Depuis qu'elle avait arrêté l'école, elle était mêlée à toutes sortes d'activités illicites à l'insu de sa maman. Elle sortait et rentrait quand elle voulait à n'importe quelle heure. Pendant ce temps, mère Nafi, aveuglée et absorbée par ses activités associatives, ne prêtait aucune attention aux agissements de sa fille. Elle n'en avait même pas le temps. Jour après jour, la distance entre elle et Sagar grandissait davantage.

Mère Nafi avait remarqué tardivement le changement radical qui s'opérait en Sagar. Elle constatait avec amertume ses métamorphoses négatives. Elle avait du mal à accepter cette perversion, mais de plus en plus, des preuves irréfutables comme des paquets de cigarettes ou des condoms, trainant dans la chambre de sa fille, lui sautaient aux yeux. En plus, Sagar ne portait presque que des minijupes, des décolletés et toutes sortes d'habits lui donnant l'air d'une dévergondée. Mais, au lieu d'essayer de rectifier les tares de sa fille, Mére Nafi les camouflait pour que ses camarades de l'association ne fussent pas au courant. Et jour après jour, la situation s'empirait.

À force de la laisser faire ce qu'elle voulait, Sagar avait finalement perdu toute moralité. N'ayant plus aucune maîtrise de son corps, elle faisait tout ce que ses pulsions lui dictaient. Complètement esclave de ses sens, elle fréquentait les mauvais garçons et se donnait à cœur joie à la débauche. Le sexe, la drogue et parfois même les fugues jalonnaient son quotidien. Son lieu de prédilection était le bar Bopp-Koñ où elle rencontrait Badou boy, un de ses copains, non moins chef de gang. C'était un bandit redoutable et respecté dans le milieu. Il semait la terreur partout. Ses forfaits multiples et ses nombreux séjours carcéraux l'avaient rendu célèbre dans le quartier.

Quand Mère Nafi fut alertée par la rumeur que Sagar sortait avec ce brigand, elle commença à trouver la situation inquiétante. Elle décida de mettre fin à cette relation. Elle en parla à sa fille, mais cette dernière refusa catégoriquement de lui obéir. Elle prit alors la résolution de ne plus lui donner de l'argent de poche tant qu'elle ne changerait pas de fréquentations. Ainsi, se disait-elle : « elle se calmerait ». Mais cela faisait naître des disputes entre elles. Elles étaient en permanence à couteaux tirés. Sagar se disait majeure et responsable de ses actes. Elle refusait d'admettre que sa maman conditionnât sa vie. Elle était tellement habituée à l'argent et aux gâteries qu'elle ne pouvait plus s'en passer. Elle était prête à tout pour continuer à bénéficier de la fortune léguée par son défunt père. Jour après jour, la situation s'envenimait. Sagar exigeait sa part d'héritage, ce qui enrageait davantage mère Nafi. Elle trouvait injuste que sa maman accaparât l'intégralité de la fortune léguée par son propre père.

Les confrontations entre mère et fille rythmaient leur quotidien. Mère Nafi était exaspérée. Elle n'avait jamais imaginé qu'un jour, les rapports avec sa fille se seraient détériorés à ce point. Leur complicité d'antan avait laissé la place à une irrémédiable incompréhension. Mère Nafi regrettait de n'avoir pas agi à temps. Dans ses moments de méditation, elle marmonnait « Mon père avait raison. Je l'entendais souvent dire : l'éducation d'un enfant est un processus continu qui commence depuis la naissance et finit à la fin de l'adolescence. Si un enfant n'est pas redressé à temps, il sera difficile de le faire plus tard. Les sages africains assimilent la progression de l'enfant à celui d'un arbre. Si l'on veut que son tronc soit droit et solide, il faut le conditionner depuis sa plus tendre jeunesse, car une fois mature, il devient impossible de le redresser sans le casser. Je regrette. Je pense que Sagar est irrécupérable. Son éducation a été un échec. »

Sagar n'avait pas dit son dernier mot. Après avoir tenté en vain de convaincre sa maman, elle décida de faire appel à la bande à Badou boy. Elle les convoqua au bar Bopp-Koñ. Après leur avoir expliqué la situation, ils décidèrent ensemble de fomenter un coup contre sa mère afin de lui ravir l'argent. Elle leur expliqua qu'elle avait tenté une fois d'ouvrir son coffre-fort, en vain, faute de force.

Mère Nafi avait l'habitude de sortir tous les jeudis soir pour la rencontre hebdomadaire des femmes. Il fallait attendre ce moment pour vider le coffre-fort. Le premier jeudi, ils tentèrent l'expérience. Vers dix-neuf heures trente, Sagar leur ouvrit la porte et ils entrèrent. Après une trentaine de minutes, ils se rendirent compte qu'il serait impossible d'accéder à l'argent sans la clé. Mère Nafi l'avait bien sécurisé, car elle y mettait aussi l'argent de l'association. Ce jour-là, ils ne purent rien faire.

Durant la semaine qui suivit, ils tombèrent d'accord sur le stratagème à adopter. Il consistait à laisser l'un d'entre eux s'infiltrer sous le lit de mère Nafi et attendre son retour. Au moment où elle fermerait sa porte et s'apprêterait à se coucher, ce dernier sortirait subitement pour l'effrayer. Grâce à son masque et son arme, il la menacerait de la tuer si elle ne donnait pas la clé.

Au jour prévu, ils exécutèrent le plan. Lorsque le bandit commença à proférer des menaces, mère Nafi refusa d'obtempérer. Elle jeta un énorme cri de détresse que le bandit étouffa avec ses deux mains. Il prit mère Nafi par le cou et tenta de l'étrangler. Mère Nafi se débattit de toute son énergie avant de réussir à se défaire de cette emprise. Elle continua les cris de plus belle, mais du fait de l'enfermement, personne ne l'entendit. L'homme était dépassé par cette résistance inattendue. Il intima mère Nafi l'ordre de se taire, mais cette dernière refusa toute collaboration. Craignant d'être lynché, une fois le quartier alerté, le caïd perdit la tête. Il lui assena aveuglément plusieurs coups de machettes violents. Elle tomba par terre, haletante et suffocante, ses habits imbibés de son sang qui giclait en flux saccadé. Le bandit, apeuré, n'eut pas le courage et la sérénité pour chercher les clés. Sans attendre, il prit la poudre d'escampette.

Mère Nafi trainait par terre, presque agonisante. Elle ne pouvait même plus bouger. Dans son esprit défilaient, à grande vitesse, une série de regrets : « Je n'ai récolté que ce que j'ai semé. Je n'ai pas réussi à procurer une bonne éducation à ma fille. Regarde tout ce que son père faisait pour nous rendre heureuses, mais moi j'étais aveuglée par les mondanités. Je ne voyais même pas les efforts de mon mari. Je regrette, mais je suis sûrement responsable de la crise cardiaque qui l'a emportée. Il a trop souffert de mes comportements irresponsables... Ah si seulement, on pouvait reculer le temps. Même, le jeune Abdoul mérite que je lui présente des excuses. Je l'ai trop maltraité. Ma fille que je choyais, celle que je mettais au-dessus de tout, n'a pas trouvé mieux que de fréquenter des bandits. Suis-je victime d'une malédiction ? Je souffre et je ne sais même pas où elle se trouve. Quelle perte. Il faut que j'appelle Fanta ». Elle fit un effort, puis un autre et un dernier avant d'arracher le téléphone. Elle composa le numéro de Fanta et prononça difficilement les mots pour l'informer de ce qui s'était passé avant de s'affaler de tout son long au sol.

Une heure après le drame, Fanta arriva. Elle ne put que constater l'irréparable. Ses cris d'impuissance devant le corps inerte de sa nièce alertèrent le quartier qui s'apprêtait à se coucher. Aussitôt la maison se remplit de curieux tous émus par le drame sous leurs yeux. Nafi avait perdu trop de sang et avait malheureusement succombé à ses blessures.

Les malfaiteurs étaient déjà partis. Dans l'empressement, l'un des bandits, par imprudence, avait laissé son portefeuille en escaladant le mur de la maison. Cette pièce à conviction facilita le travail des enquêteurs qui, au bout d'une semaine, mirent la main au collet du meurtrier et de ses acolytes. Sagar fut inculpée de complicité de meurtre et, après jugement, elle écopa de dix ans de prison ferme.

Lorsque le vieux Yague Senne eut fini de raconter les turpitudes et calamités survenues entre-temps, Abdoul déchanta vite. Ses espoirs de réconciliation avec mère Nafi s'écroulèrent comme un château de cartes. Il pensait qu'il était victime d'une de ces malédictions qui vous colle, s'acharne sur vous pour vous assassiner à petit feu. Il était profondément affligé par cette pluie de malheurs qui s'abattaient sur lui sans pitié et avec acharnement. L'idée de retourner à Félata occupa furtivement ses pensées, mais son état de santé dégradant lui indiquait de rester en ville pour une meilleure prise en charge. Finalement, il s'établit à Dakar, seul dans l'ex-maison de la famille Sow, pour se faire soigner de ses nombreuses séquelles morales et physiques provoquées par tant de peines, d'humiliations et de déceptions.

18

Derrière le silence des gens se cachent parfois des monstruosités. Certains silences sont bavards, il suffit de savoir les secouer pour qu'ils vous dévoilent des secrets hallucinants.

Les années s'étaient écoulées, les enfants avaient maintenant grandi et beaucoup de choses s'étaient passées. Oumar, malgré l'absence de sa maman, avait par la force des choses réussi brillamment ses études. Après son baccalauréat obtenu avec la mention très bien, il avait trouvé l'opportunité d'aller poursuivre ses études en France. Maintenant, il s'était inscrit à l'université Paris VI. Une nouvelle vie allait commencer et il lui fallait s'adapter à son nouvel environnement.

En France, les étudiants étrangers bénéficiant d'une bourse étaient bien accueillis et encadrés. Comme il en faisait partie, dès son arrivée, il fit les démarches administratives et obtint son logement dans le campus social. Il devait maintenant se familiariser avec son nouveau cadre de vie. Son insertion fut très simple. Oumar était un bon joueur de football. Très vite, il se fit distinguer sur les terrains qu'il partageait avec les jeunes. Comme le sport rapproche, brise les murs de la réticence et des préjugés entre individus, en un temps très court, il réussit à connaître une bonne partie des étudiants qui logeaient dans la même résidence que lui. C'était un environnement où les activités ludiques et intellectuelles étaient très présentes. Une fois le sport terminé, tout le monde rentrait dans la chambre de tout le monde. Il y en avait qui continuaient leur soirée à jouer aux cartes ou au scrabble jusqu'à une heure tardive le soir. D'autres partaient à la salle d'études pour réviser leurs leçons. Dans cette résidence, on ne manquait jamais de choses à faire ou de personnes avec qui discuter.

Oumar aimait les débats. Il suivait les traces de ses parents dans les études juridiques. Il voulait devenir avocat et chaque fois que l'occasion se présentait, dans son esprit, il se mettait dans sa future robe noire pour défendre ses opinions. À peine deux mois après le démarrage des cours, la quasi-totalité des étudiants le connaissaient. Il aimait taquiner Maeva, une belle demoiselle de nature très timide. Taciturne, elle parlait doucement et répondait à peine aux taquineries des garçons. Oumar trouvait son comportement étrange et intrigant. Il se disait bien que cette tranquillité cachait quelque chose. Mais quoi exactement ? Pourquoi était-elle si réservée ? Si renfermée ? D'habitude une fille aussi belle, et à la fleur de l'âge, s'exhibe à tout bout de champ pour plaire et allumer les garçons. Maeva était bizarre. Elle n'ouvrait sa bouche que par extrême nécessité pour prononcer un bonjour ou simuler un petit sourire quand les circonstances s'y prêtaient. Et dans ces rares cas, le son dépassait à peine le bout de ses lèvres. Il fallait bien l'observer pour savoir qu'elle t'avait salué. Et cette réaction, quoique discrète, avait le mérite de prouver à son interlocuteur qu'elle n'était ni sourde ni muette. Elle ne sortait que pour satisfaire un besoin impérieux : aller aux cours ou faire ses courses durant le week-end.

Malgré ce comportement hermétique, Oumar ne passait pas un jour sans la voir. Régulièrement, il lui rendait des visites amicales. Il voulait coûte que coûte en savoir plus sur cette énigmatique fille. À tout prix il fallait trouver la clé du mystère qu'était Maeva. Même s'il n'était pas mieux traité que les autres, il ne se décourageait pas. Malgré le dédain et même l'indifférence de la fille envers lui, il n'arrêtait pas de lui faire toutes sortes de propositions d'activités récréatives espérant un jour tomber sur celle qui l'intéresserait. Cinéma, marche, sport, etc., mais elle trouvait toujours une excuse, une raison pour décliner l'offre et s'enfermer dans son mutisme habituel, impénétrable et imperturbable dans son petit coin.

C'était l'anniversaire des élections macabres à Pétor-diamant, comme à son habitude, Oumar alla rendre visite à Maeva par courtoisie et sympathie. Ce soir-là, il fut surpris de la trouver complètement effondrée. Elle essuyait des larmes qui coulaient abondamment tout en essayant d'étouffer les sanglots pour ne pas alerter les voisins. Visiblement, elle exprimait, par ses pleurs, le trop-plein d'un mal qu'elle avait toujours dissimulé.

En fait, Maeva traversait une période sombre marquée par des souvenirs qui ne la quittaient pas. Elle luttait pour oublier un passé qui la suivait comme son ombre, un passé entaché de monstruosités. Elle venait juste de suivre un reportage à la télévision sur le conflit post-électoral de Pétor-Diamant. Les images atroces qu'elle venait de voir avaient réveillé des souvenirs tristes dans son esprit. Elle se rappelait avec tristesse que c'est à ce moment que sa vie avait basculé. Elle avait perdu toute sa famille durant la tuerie de Pétor-Diamant. Très jeune, pendant ce drame, elle avait assisté, impuissante, au meurtre précédé de viols de sa maman. Abandonnée vivante dans un amas de cadavres humains, elle fut récupérée par celle qu'elle appelle affectueusement « Tante Claudine » et qu'elle considére depuis lors comme son unique parente.

Cette fois, Oumar insista pour en savoir plus.

— Explique-moi, je ferai tout pour t'aider à sortir de cette impasse, lui supplia Oumar.

Après un long moment d'hésitation, elle finit par se lâcher.

— Tu sais Oumar, c'est plus triste que tu l'imagines, fit Maeva.

— Je sais, mais tant que tu ne partages pas ta douleur, il sera difficile de t'aider, reprit Oumar pour la rassurer.

— En fait, j'ai connu tante Claudine très jeune.

C'était après les élections sulfureuses de Pétor-Diamant il y a plus d'une quinzaine d'années. Ce jour-là, des miliciens vorus avaient pris en embuscade un groupe de Zokirs au sein duquel se trouvait ma famille. Après avoir abusé des femmes, ils massacrèrent le groupe en le criblant de balles. Ainsi j'ai perdu mes parents. Par miracle, comme j'étais sous l'aile protectrice de ma mère, ils avaient dû penser que j'étais morte. Quand ils étaient partis, je tâtais désespérément ma mère inerte au milieu de ce tas de corps sans vie. Le soleil dardait ses rayons sur moi et j'étais sans protection. Alors je me suis mise à pleurer à chaudes larmes, à crier fort. C'est à ce moment qu'un groupe de personnes, qui couraient à toute allure, apparaissaient. Ils étaient poursuivis par les miliciens. C'était le sauve-qui-peut, certains marchaient sur les cadavres, d'autres tentaient de les éviter. J'étais une petite fille, mais ces images sont restées en moi. Dans cette mêlée, une femme me dépassa de deux mètres puis revint sur ses pas. Elle était pressée de partir, mais semblait avoir du mal à me laisser mourir sans assistance. Elle décida de s'emparer de moi en me portant en califourchon sur son dos.

À ce stade, Maeva retint son souffle, elle eut du mal à continuer.

— Veux-tu un verre d'eau ? fit Oumar qui tentait de la soulager.

— Oui s'il te plaît, répondit-elle.

Oumar se leva, ouvrit le mini réfrigérateur, en sortit une bouteille d'eau. Il ouvrit ensuite le placard où Maeva avait soigneusement rangé ses verres, il en prit un et lui servit à boire. Après deux gorgées, elle continua son histoire.

— C'est comme ça que j'ai été récupérée par ma tante Claudine avec qui j'ai vécu en France jusqu'à l'obtention de mon Bac.

— Mais comment aviez-vous échappé à ce lynchage collectif pour venir en France ? Lui demanda Oumar.

— En fait, moi je n'avais rien compris. Ce qui s'était passé par la suite, je l'ignorais totalement. Mais plus tard ma tante Claudine m'a tout raconté, fit Maeva.

— Comment tout s'est-il passé ? Questionna Oumar qui bouillonnait de curiosité.

— Elle dit toujours qu'un bienfait n'est jamais perdu. Elle m'avait ramassée pour m'éviter la mort et c'est cette action qui l'a sauvée plus tard. Elle m'a dit que lorsqu'ils avaient été délogés de l'hôtel, il fallait trouver d'autres solutions. Il y avait des barricades partout. Soudainement, la course-poursuite qu'ils menaient s'était terminée face à un groupe de miliciens armés sortis de nulle part.

Maeva s'arrêta encore pour prendre un souffle.

— Pourquoi ? s'empressa de demander Oumar.

— Tu sais, le conflit post-électoral à Pétor-Diamant avait abouti à des négociations pour mettre en place un gouvernement d'union nationale. Certains Zokirs n'avaient pas accepté ce compromis qu'ils considéraient comme la solution imposée par les Occidentaux. Ils créèrent ainsi une faction armée dénommée SANS-SATAN. Ce mouvement se présentait comme des extrémistes qui devaient s'opposaient aux Occidentaux qu'ils assimilaient à Satan sur terre. Ils parcouraient le pays, tuaient sans pitié, enlevaient des femmes et des touristes. Lorsqu'ils avaient débarqué devant nous, tante Claudine m'a dit qu'elle se disait que c'était fini, sa vie allait s'arrêter à cet instant-là. Pendant qu'elle se livrait mentalement à ses dernières prières, le chef de la bande l'interpella en lui disant : « toi qui as l'enfant, viens ici, tu as de la chance, car notre groupe ne tue pas d'enfants. Cependant, nous ne resterons pas avec vous dans ce pays. Monte dans notre camion, on va te laisser à la frontière. » Tante Claudine n'hésita pas une seconde. Elle se fit aider par un des hommes armés pour monter à bord du camion. Pour elle, on se doit nos vies mutuellement, fit Maeva.

— Hors du pays, ça devait être encore plus dur, j'imagine, s'enquit Oumar.

— Oui, justement, elle m'a dit que ce n'était pas facile. Il y avait un camp de réfugiés qu'elle avait rejoint dès son arrivée. Ils avaient le minimum pour vivre. Elle continuait de s'occuper de moi, car elle se disait que je lui faisais penser à sa fille qui avait à peu près le même âge que moi.

— Qu'en était-il de sa fille ? J'espère qu'elle n'avait pas été tuée, lui dit Oumar.

— Non, non, non, en fait, ma tante dit toujours qu'elle a le pressentiment que sa fille est encore vivante. Mais elle ne sait pas où elle peut bien se trouver à l'heure actuelle. Pendant le massacre, son ex-mari, un Sénégalais avait attendu la nuit pour l'abandonner et partir avec Asta, leur fille unique. Ma tante en avait beaucoup souffert et continue d'en souffrir. Elle se dit que sa fille doit certainement se trouver quelque part au Sénégal et qu'un jour elle la retrouverait. Elle est très confiante.

— Mais comment avez-vous fait pour vous retrouver en France ? lui demanda Oumar.

— Ma tante m'a dit qu'elle a été aidée par son oncle qui vivait en France. Son oncle était un homme riche qui avait des relations. Quand le conflit avait éclaté, il ne pouvait plus risquer de rentrer au pays pour les chercher, mais il envoyait des gens dans les camps de réfugiés environnants pour voir si un membre de sa famille s'y trouvait. Les chances étaient aussi minimes que trouver une aiguille dans une botte de foin, mais aussi invraisemblable que cela puisse paraître, un de ses hommes nous a trouvées dans le camp.

— Il faut dire que c'est vraiment le destin, car ce que tu racontes là ne suit aucune logique, lui dit Oumar tout ému.

— Ben oui, tu peux le voir ainsi. Par la suite, ma tante et moi étions logées à l'hôtel et un monsieur s'était occupé à nous chercher les visas. Deux semaines plus tard, tout était réglé et nous nous sommes envolées pour la France.

— Et toi tu t'es lancée dans les études après. Et ta tante ? Est-elle encore là ?

— Oui bien sûr, elle est là. Elle refait sa vie avec un autre homme. Cette fois-ci, c'est avec un blanc, car d'après sa courte expérience avec son ex-mari qu'elle continue de détester, elle a vite généralisé en se disant que les noirs sont méchants, qu'ils ne donnent aucune valeur à l'amour. Elle pensait qu'Abdoul était le pire. Cet homme qui avait osé l'abandonner quand elle avait le plus besoin de lui. Elle était révoltée et se disait qu'un jour viendrait, l'heure de la revanche sonnerait. Elle surprendrait Abdoul qui était certainement en train de se la couler douce avec une autre femme au Sénégal, elle lui dirait ses vérités et reprendrait sa fille.

— Oui, je la comprends. D'autres femmes mettraient peut-être même une croix sur tous les hommes.

— C'est justement ce qu'elle avait décidé de faire au début, mais elle m'a raconté aussi son histoire avec François.

— Qui est-ce François ?

— C'est son nouveau mari avec qui elle a maintenant deux enfants. En fait, cet homme tenait une épicerie et l'avait recrutée comme commis aux fruits et légumes. Elle travaillait, mais, les évènements vécus à Pétor-Diamant l'obnubilaient toujours. Elle vivait mal, dormait mal. Dans son sommeil, son esprit replongeait souvent dans cette cacophonie, ce brouhaha, ces monstruosités, ces massacres qui avaient bouleversé toute son existence. Elle ne croyait plus à la vie. Son séjour terrestre lui semblait être sans intérêt. Et la sempiternelle question de l'existence la visitait chaque jour : la vie vaut-elle la peine d'être vécue ? Elle donnait aux moindres mouvements, faits ou gestes autour d'elle, des significations tout à fait spéciales.

— Dans ces conditions, j'imagine mal qu'elle puisse

commencer une nouvelle relation. Selon moi, elle était traumatisée.

— Effectivement, cela n'a pas été facile. Mais d'après elle, François était généreux en amour. Il la couvrait de gestes tendres et de douceur qui avaient fini par la séduire. Elle a entamé alors une nouvelle vie avec son nouveau patron, mais restait toujours triste. Mais ce qui impressionnait tante Claudine était surtout son savoir-vivre. Il vivait dans la quiétude. Ses pratiques quotidiennes et son comportement révélaient un individu expérimenté qui avait fini par donner un sens à la vie. Il était jovial, le sourire toujours fendant, disponible et toujours prêt à se mettre au service des autres. Sa générosité légendaire n'était inconnue de personne dans son entourage.

— C'est qu'un tel homme est difficile à rejeter.

— En effet ! Son comportement exemplaire cachait un très lourd passé de souffrances. En réalité, François avait, lui aussi, vécu des évènements atroces dans son adolescence qui avaient fini par faire de lui un aguerri. Sa vie avait basculé lors d'un Noel qui l'avait marqué et dont il se souviendrait toute la durée de son existence sur terre. Fils unique d'un couple français de la classe moyenne, il menait, comme tous les enfants de son âge, une vie paisible. Son père tenait une épicerie et sa maman était enseignante du secondaire. Un contexte favorable pour une enfance heureuse. Fils unique, toute l'attention était portée sur lui. Il bénéficiait de toutes les largesses et faveurs de ses parents. Comme tous les ans, à Noël, la famille se rendait chez les grands-parents pour passer le réveillon ensemble. Cette année, contrairement aux précédentes, sa vie avait basculé lorsqu'en plein chemin et en pleine ambiance familiale, ils firent un grave accident. Un choc frontal avec un camion conduit par un forcené, qui avait la rage au volant, ne laissa aucune chance à ses vaillants parents qui perdirent la vie sur le coup. François s'en était tiré avec une fracture à la jambe et une rupture du nerf sciatique qui fit de lui un boiteux. Depuis ce jour, sa vie avait changé. Jadis brillant à l'école, faute de volonté, il ne pouvait plus poursuivre les études. Il partit s'installer chez les grands-parents et décida de mettre fin à toutes ses activités.

— Oh là là ! La vie ! Mais, comment avait-il pu faire pour sortir de cette impasse ?

— Elle m'a dit qu'un ami de son grand-père, très croyant, qui passait régulièrement à la maison pour aller à l'église, avait fini par le convaincre des bienfaits de la prière. Il avait commencé alors à l'accompagner à l'église de temps à autre. Les sermons des prêtres l'avaient certainement beaucoup aidé à retrouver sa foi et sa raison. Ce fut la porte de sortie qui lui redonna espoir à la vie. Ainsi, il décida de reprendre le commerce de son père. Il avait donc réussi à revoir la vie autrement en gardant en tête que la disparition d'un proche, quoique douloureuse, n'est pas un prétexte pour renoncer à ses objectifs. La tristesse de ces évènements qu'il avait racontés à tante Claudine eut un effet thérapeutique pour elle. Finalement, elle se ressaisit et reprit goût à la vie.

— Mais si tante Claudine a pu se reprendre, alors toi aussi, tu devrais pouvoir arrêter de pleurer et t'intéresser davantage à la vie. Le coup est déjà parti. Ce qui est fait est fait. Maintenant, il faut essayer de vivre et d'oublier.

— Oui, j'essaie, mais, dès que je repense à ma mère, je ne peux m'empêcher de verser des larmes. Elle a dû avoir une mort pénible, la pauvre.

Oumar passa de longs moments à consoler Maeva avant de partir. Quand il se retrouva seul dans sa chambre, le récit de Maeva revenait en boucle dans son esprit. C'était la première nuit durant laquelle il avait du mal à trouver facilement le sommeil. Il tenta de mettre les jonctions entre les histoires, de faire les recoupages avec les péripéties de son oncle Abdoul que son père lui avait racontées. Son oncle n'était-il pas le mari indélicat ? Cette question lui torturait l'esprit. Il prit la résolution d'en parler avec Maeva dès le lendemain. Puis, quelques minutes plus tard, dans cet univers de cogitation intense, un profond sommeil s'empara de lui.

Comme décidé la veille, au réveil, très tôt, Oumar partit toquer à la porte de Maeva. Celle-ci l'ouvrit et le pria de rentrer. Elle était en train de préparer son petit déjeuner. Oumar prit place et déclina son intention de lui raconter ce qu'il savait, ce qu'il avait appris de son père au Sénégal.

— Bonjour, ma chère. As-tu passé une nuit en paix ?

— Oui, en tout cas, beaucoup mieux qu'hier, répondit Maeva.

— Tu sais, tu m'as raconté des choses hier qui ont réveillé en moi d'autres souvenirs que mon père m'avait racontés, révéla Oumar.

— Ah bon. De quoi s'agit-il ? fit Maeva.

— Tu sais mon père vivait à Pétor-Diamant avec son ami Abdoul jusqu'au début de la guerre.

— Eh, le nom Abdoul me dit quelque chose. J'ai l'impression que ma tante m'avait dit un nom comme ça. Je le vérifierai, mais bon…

— C'est d'ailleurs la raison pour laquelle j'en parle, car quand j'essaie de faire le rapprochement, mon oncle pourrait bien avoir été l'ancien mari de ta tante.

— Ah bon ! Le penses-tu vraiment ?

— Ben oui. Mon père m'a dit que pour sauver sa fille, mon oncle est rentré au Sénégal. Il est parti la déposer à Félata, son village natal, à côté de sa propre mère puis il est retourné à Pétor-Diamant chercher sa femme. Mais là, il s'était fait emprisonner par les miliciens qui l'avaient pris pour un Zokir à cause de son teint clair.

— Ensuite, ils l'ont tué ?

— Non, il est encore vivant. Mon père qui était un employé des Nations unies bénéficiait d'une certaine protection. Grâce à son dévouement et sa détermination, il avait réussi après beaucoup d'efforts à retrouver son ami dans un état lamentable. Il était méconnaissable, ses os faciaux semblaient vouloir percer sa peau. Mon père l'a aidé à retourner au Sénégal. Mais même là, il n'était pas au bout de ses peines. Dès son arrivée, il fut atteint d'une maladie mystérieuse. Le séjour carcéral, les tortures physiques et morales l'avaient anéanti. Très affaibli, il avait entamé un traitement dur et long qui lui avait valu plusieurs années de cessation d'activités. Il ne pouvait même plus s'occuper de sa fille, qu'il était obligé de laisser aux villageois. Tous ses espoirs de rassembler sa petite famille à Dakar s'étaient écroulés tel un château de cartes en pleine tempête. Il regrettait par moments d'avoir quitté sa femme à l'hôtel. « Je devais rester et mourir avec elle », disait-il. Depuis cet évènement, sa vie ne semblait plus avoir beaucoup de sens. La perte de sa femme l'avait rendu complètement dingue. Sa fille Asta qu'il voulait sauver avait grandi au village. Là-bas, elle n'avait même pas bénéficié d'une formation et s'était mariée à l'âge de 15 ans. Maintenant, mon oncle Abdoul a un peu repris une partie de sa forme d'antan, mais les coups qu'il avait reçus l'ont rendu infirme d'un pied. Son nerf sciatique a subi malheureusement un dommage irréversible. Il boitille et son état ne lui permet même plus de travailler. Il vit grâce aux indemnités que lui paie la compagnie où il travaillait et n'arrête pas de penser à son ex-femme qu'il considère comme morte.

— Et sa fille ?

— Sa fille est maintenant adulte. Elle vit encore au village de son père où elle s'est finalement mariée à un certain Alpha Sy. Mariée très jeune, elle en était à sa troisième grossesse lorsque je quittais le Sénégal. Malgré la pauvreté, le manque de moyens et la précarité de la situation au village, elle aime son mari et semble toujours heureuse. L'isolement l'a privée d'instruction. Elle n'a pas eu la chance d'aller à l'école et ne parle que les langues locales du village.

— Quelle histoire ! J'ai l'impression que les histoires ont quelque chose en commun. J'en parlerai à ma tante, c'est sûr. Rappelle-moi encore le nom de ton oncle et celui de sa fille.

— Mon oncle s'appelle Abdoul Diallo et sa fille est Asta. Moi je vais à la fac, tu me raconteras ce qu'elle te dira. Bonne journée.

— J'irai la voir ce week-end. Bonne journée à toi aussi.

19

Si des retrouvailles doivent mener au malheur alors le hasard
devrait se garder de les provoquer.

Vendredi soir, la résidence commençait à se vider
de son monde juvénile. La plupart des étudiants
préféraient passer la fin de semaine chez leurs parents
ou amis, histoire de se changer les idées. En cette soirée
calme, Maeva, l'esprit envahi par des pensées éparses,
décida de se coucher tôt. Elle attendait le samedi avec
impatience, car elle avait prévu d'aller voir sa tante
Claudine ce jour-là. Au lit, elle avait du mal à trouver
le sommeil. Chaque fois qu'elle fermait les yeux, son
esprit voyageait dans l'univers des mots qui sortaient
de la bouche d'Oumar lors de leur conversation. Elle
les analysait mot à mot malgré elle, et ça l'obnubilait.
Dans sa tête défilaient beaucoup de questions sans
réponses. Abdoul était-il l'ex-mari de tante Claudine ?

Si tel était le cas, comment réagirait celle-ci ? Asta était-elle la fille de tante Claudine ? Puis au bout de quelques minutes, dans cette dynamique de cogitation, son sommeil qui tardait à venir la surprit. Elle tomba ainsi dans les bras de Morphée.

Le lendemain, elle se réveilla très tôt. Par pur réflexe, elle poussa le coin du rideau de sa fenêtre pour voir l'atmosphère et l'ambiance qui régnaient dehors. Il ne faisait pas beau. La rue qui, d'habitude refusait du monde, était vide. Un calme plat y régnait. Le temps maussade et gris des derniers jours avait fini par décourager les fidèles promeneurs. Depuis quelque temps, le soleil avait pris congé, il ne pointait même plus le bout de son nez. La pluie torrentielle qui s'abattait sur Paris depuis minuit s'était subitement transformée en fines gouttelettes tombant en averse oblique au lever du jour. Même si elle n'avait plus envie de sortir, elle ne pouvait plus garder davantage toutes ces informations qui l'intriguaient. Malgré la pluie, elle se prépara très vite avant de se diriger rapidement vers l'arrêt d'autobus.

Après une trentaine de minutes d'attente, elle fut déposée à l'arrêt le plus proche de chez Claudine. Elle dut marcher cinq minutes avant de mettre les pieds chez sa tante. Dès que les enfants l'eurent aperçue, ils allèrent se jeter sur elle pour lui témoigner leur affection et lui montrer qu'elle leur manquait.

Maeva les avait vus naître tous les deux. Elle était encore au lycée et aidait Claudine à faire les travaux domestiques et à s'occuper des enfants. Ce qui avait fini par faire naître chez ces derniers un sentiment d'attachement envers elle. Tante Claudine qui dormait à ce moment fut réveillée par le bruit des enfants très excités. Elle sortit de la chambre et vit sa nièce. Elle lui lança un bonjour, que cette dernière lui retourna. Elle la pria ensuite de prendre place. Puis elle ouvrit le frigidaire, en sortit deux bouteilles de jus qu'elle déposa sur la table avec des verres et entama une conversation.

— Comment vas-tu Maeva ? demanda Claudine.

— Eh, je vais bien, répondit Maeva.

— Et les études ? Pas trop dures ?

— Un peu, mais on a confiance.

— Tu viens passer le week-end ?

— Oui, j'ai un peu de temps libre, car nous venons de finir nos premiers examens. Je me suis dit alors que je vais en profiter pour venir te voir.

— C'est bien, c'est une bonne chose.

— Aussi tante Claudine, j'ai des choses à te raconter.

— Vas-y.

— Le hasard a fait que dans notre résidence universitaire, il y a un Sénégalais qui est en première année comme moi. Lors de l'une de nos discussions, il m'a fait des révélations qui pourraient t'intéresser par rapport à ta fille ainée.

— Ah bon !

— Oui il m'a dit que son père travaillait à Galinda au moment de la guerre et il avait aussi un de ses amis qui y était avec lui. Cet ami avait une femme Pétor-

Diamantaise qu'il avait abandonnée dans un hôtel pour sauver leur unique fille. Quand il est retourné pour la retrouver, il s'est fait arrêter par les miliciens et mis en prison.

— Ça ressemble tellement à ce que j'ai vécu. Fais tout pour que je rencontre ton ami. Connais-tu le nom de son père ? Ou de la fille ?

— J'ai l'impression qu'il me les avait donnés, mais j'ai oublié. Je pourrai les lui demander.

— Il faudra en faire une priorité dès lundi. Quand tu auras l'information, tu me la communiqueras par téléphone. Tu demanderas aussi, à ton ami le numéro de téléphone de son père. Peut-être, je le connais.

Claudine avait repris espoir. Pendant tout le week-end, elle imaginait le plaisir que lui procureraient les retrouvailles avec sa première fille. Bien qu'ayant deux autres enfants métis et très beaux, elle semblait toujours attacher une importance particulière à son aînée. Était-ce parce qu'elle aimait plus son père ou simplement qu'elle était la première, son sang et sa chair ?

Le lundi, vers midi, la résidence avait repris son rythme habituel. Oumar venait d'arriver de la faculté. Dès son arrivée à la résidence, Maeva qui l'observait à partir de sa fenêtre alla le trouver chez lui. C'était la première fois qu'elle rentrait dans la chambre d'un autre étudiant. Elle relança la conversation avec Oumar et obtint les réponses que sa tante Claudine voulait avoir.

Quelques instants après, elle retourna dans sa chambre pour communiquer avec Claudine. Elle lui donna les détails de son entretien avec Oumar. Sa tante ne perdit pas de temps pour appeler Bassirou qui n'en revenait pas. Pour lui Claudine était morte. Les retrouvailles téléphoniques furent émouvantes. Claudine ne pouvait s'empêcher de verser de chaudes larmes. Elle était furieuse et ne voulait même pas demander ce qu'il était advenu d'Abdoul, convaincue qu'il l'avait abandonnée volontairement dans la tourmente. Tout ce qui l'intéressait était sa fille. Où est-ce qu'elle se trouvait ? Comment faire pour la récupérer ? Elle esquivait volontairement toutes les explications de Bassirou qui faisaient allusion à Abdoul. Sa haine envers lui ne faisait que grandir. Bassirou eut du mal à lui expliquer tout ce qui était arrivé à Abdoul, le fort prix qu'il avait payé au nom de leur amour.

20

L'amour d'une mère pour son enfant est une flamme qui peut diminuer d'intensité en fonction des circonstances, mais elle ne s'éteint jamais.

Un autre combat venait de commencer pour Claudine. Il lui fallait à tout prix retrouver sa fille ainée. Comme elle l'avait toujours pressenti, elle était maintenant sûre qu'elle était bien vivante. Asta se trouvait bien à Félata dans une pauvreté absolue et n'était même pas instruite. À y penser, elle en avait le cœur meurtri. Elle en perdait même son sang-froid. Asta était certes mariée et mère de trois enfants, mais pour Claudine, sa fille n'avait jamais agi de son propre gré ; qu'on lui avait tout imposé. Claudine se disait qu'elle allait la récupérer, car la vie au village ne pouvait être que misérable et Asta devrait être très malheureuse. Elle n'imaginait pas de continuer à vivre dans l'opulence en France et laisser sa propre fille dans un tel désarroi. Elle ne retrouverait sa paix intérieure que lorsque sa fille serait retrouvée.

Bassirou lui avait donné le numéro de téléphone de Alpha, son beau-fils qu'elle ne connaissait pas, et en plus, c'était impossible d'établir une quelconque communication avec lui, car ce dernier ne comprenait pas un seul mot français. Il parlait le peul et un wolof approximatif. Claudine décida de faire appel à Oumar qui leur servit d'interprète. Elle lui expliqua son désir de faire venir Asta en France.

Oumar prit le téléphone et composa le numéro de Alpha. Au bout du fil, une voix répondit :

— Allô, fit Alpha.

— Allô, je m'appelle Oumar. J'appelle depuis la France. Comment ça va Alpha ?

— Je vais bien. Je ne me rappelle pas d'un Oumar en France, poursuit Alpha.

— Oui, je comprends. Mon père est un ami à ton beau-père Abdoul. Je suis avec la maman d'Asta qui voudrait te parler, mais elle ne comprend pas le wolof. Je vais lui servir d'interprète. Je t'explique. Elle veut faire venir Asta en France. Elle est prête à tout pour cela. Son seul objectif est de la faire sortir de Félata et de l'installer à ses côtés.

— Est-ce qu'elle sait que sa fille est ma moitié ? C'est ma femme. Ça ne peut pas se passer comme ça. Nous avons en plus trois enfants. Si elle veut, elle doit envisager le voyage pour toute notre petite famille et je négocierai avec les vieux du village pour qu'ils acceptent notre départ. Autrement, personne ne bougera.

Oumar se tourna vers Claudine et à voix basse, il lui résuma l'idée principale de sa conversation avec Alpha et lui demanda son avis. Claudine lui fit savoir que seule sa fille l'intéressait. Comme il n'avait pas raccroché, il poursuit avec Alpha.

— Alpha, je dois te dire. Ta belle-mère ne veut rien savoir de toi et de tes enfants. C'est sa fille qui l'intéresse. C'est ce qu'elle vient de me confirmer. Elle dit qu'elle se rendra à Félata pour vous l'arracher de gré ou de force.

Alpha était furieux, il voulait insulter, mais se retint par pudeur et par respect pour le jeune Oumar. Il poursuivit :

— Dis-lui que je l'attends ici. Dis-lui qu'elle n'aime pas ma femme plus que moi. Sa soi-disant fille ne la connaît même pas. Elle n'a jamais fait signe de vie et aujourd'hui elle surgit de nulle part pour perturber notre vie. Dis-lui que ce sera peine perdue. Asta ne bougera pas du village. Dis-lui que si elle aime sa fille, elle devrait aussi, au nom de ce même sentiment, aimer le mari de sa fille et leurs enfants. Dis-lui qu'elle n'aime que sa propre personne, car si elle fait partir Asta seule en France, elle la fera souffrir de l'absence de ses enfants. Son raisonnement est simplement égoïste. Mais elle verra quand elle me trouvera ici.

Sur ces mots, Alpha raccrocha le téléphone avec énervement. Oumar fit un compte rendu fidèle de l'entretien téléphonique à Claudine avant de retourner au campus.

*
* *

Pendant ce temps, au Sénégal, Bassirou partait chez son ami Abdoul pour une visite de courtoisie. Il le trouva assis sur son divan, le nez plongé dans la lecture du célèbre bouquin *une si longue lettre* de Mariama BA. Il commença à le taquiner :

— Mais *Boy*, combien de fois vas-tu lire ce livre dans ta vie ?

— Je ne le lirai jamais assez, car chaque fois que j'y pointe mon nez, j'y vois des vérités aussi actuelles que jamais sur notre société.

— Oui c'est vrai, une grosse pointure de la littérature sénégalaise partie très tôt.

— Ah oui ! C'est triste. Dès fois j'ai envie de dire que ce monde est jaloux de certains talents. Je constate que les étoiles les plus brillantes ont les durées de vie les plus courtes.

— Rendons grâce à Dieu !

— Tu sais, des fois, je me dis que ma vie n'a plus de sens. Regarde bien. Chaque fois que je m'approche d'un de mes objectifs, un évènement malheureux m'en écarte. Mon oncle disparu très tôt, mon boulot que j'ai perdu, Claudine morte certainement de façon tragique. Finalement, je me demande ce que je fais ici et le sens que je dois donner à cette vie.

— Arrête de te lamenter. La vie est dure, on n'en disconvient pas. Mais si tu regardes autour de toi, tu te rendras vite compte que tu n'es pas le seul à éprouver des difficultés. Moi je suis venu justement pour te parler de Claudine.

— Quelle Claudine ? Me parler de quelle Claudine ? Pourquoi ?

— Oui ! tu sais, elle n'est pas morte !

— *Boy* on ne joue pas avec des choses aussi sérieuses, lui répondit Abdoul, le cœur battant à cent à l'heure.

— Je le sais, mais ce ne sont pas des blagues, c'est la vérité.

— Où est-elle ? Comment l'as-tu su ? Raconte-moi.

— Je lui ai même parlé au téléphone. Elle est en France. Mon fils Oumar a fait la connaissance de sa nièce. Cette dernière lui a présenté sa tante qui a demandé à Oumar mon numéro de téléphone. On a parlé longuement au téléphone.

— Elle a demandé après moi ?

— Elle ne voulait même pas que je lui parle de toi. Elle pense que tu l'as abandonnée volontairement, que tu es le pire des hypocrites. Par contre elle se dit prête à tout pour récupérer sa fille.

Une rage noire s'empara d'Abdoul comme si son ami l'avait profondément offensé. Il poursuivit :

— Tu ne lui as pas expliqué ce qui s'était passé ?

— Si, si, mais, dès que je prononce ton nom, elle esquive. Par contre, quand je parle d'Asta, elle a la patience de m'écouter.

Abdoul se tut un instant. La tête entre les deux mains, le visage renfrogné, il s'interrogea. Il ne comprenait pas le comportement de Claudine. Pour son amour pour elle, il a bousillé toute sa vie et voilà que cette dernière semblait adopter un comportement d'une extrême ingratitude. Puis d'un air mécontent, il dit à son ami :

— Tu sais, je ne tolère pas la traîtrise et j'ai l'impression qu'elle veut me jouer un sale tour. Comment peut-elle mettre tout sur mon dos ? Peut-être qu'elle a trouvé un autre homme et maintenant je suis le mauvais.

— Justement. Elle a refait sa vie avec un certain François et ils ont eu deux enfants. D'ailleurs, elle compte venir avec lui pour récupérer Asta.

— Récupérer Asta ! Jamais au plus grand jamais. Je m'y opposerai farouchement. Ils me trouveront ici.

— Bon, ne te mets pas sur tous ces états. Prends-le à la légère. Quand elle sera là, vous aurez sûrement l'occasion de vous parler en tête à tête et là tu lui clarifieras les malentendus. Moi je dois y aller, mais je te prie de te calmer.

— Ne t'inquiète pas. Merci pour la visite. On s'appellera.

Abdoul ferma la porte derrière son ami. Il venait encore d'être profondément secoué par cette nouvelle. Il se tint immobile pendant une minute au cours de laquelle il pensa : « Claudine est vivante ! Le bon Dieu fait bien les choses. Peut-être qu'on se retrouvera et qu'on parviendra enfin à poursuivre notre idylle. Je savais que ça ne pouvait pas finir comme ça. En tout cas, je suis impatient, mais qui aime sait attendre. » Puis, il retourna sur le divan et continua sa lecture.

21

Dans un match, quand le diable est avec vous, vous pouvez gagner facilement, mais il peut vous être difficile de savourer la victoire durablement.

François était conscient que sa femme ne retrouverait ses esprits que lorsque sa fille Asta reviendrait à ses côtés. Cependant, le grand obstacle pour atteindre cet objectif était le mari de la fille. Au téléphone, Alpha avait déjà affiché sa ferme détermination à rester avec sa femme. Pour rien au monde, il n'accepterait de se séparer d'elle, car il l'aimait de tout son cœur. Conscients de cette réalité, François et Claudine devaient redoubler d'imagination pour atteindre leur objectif.

— Je pense à un plan, dit François à sa femme. Nous allons essayer de le mettre à exécution et je suis presque certain qu'il marchera.

— Dis-moi, quel est le plan ? Je suis prête.

— Tu te rappelles l'ex-mari de ma cousine Isabelle.

Doudaw. Je pense à lui. Tu sais, il est sénégalais. Je suis sûr qu'il est prêt à tout faire moyennant une récompense pécuniaire.

— Mais qu'est-ce qu'il peut bien faire dans cette affaire ?

— Il pourra neutraliser le mari d'Asta qui est notre principal obstacle.

— Tu veux dire le kidnapper ? s'interrogea Claudine.

— Je n'en sais rien. En tout cas, il devra le faire disparaître. C'est la seule solution. On lui confie la mission de se rendre discrètement au village et de faire le travail. C'est un grand caïd, il ne refusera pas si on y met le prix. Ensuite, nous attendrons environ trois mois, le temps que l'émotion des villageois se dissipe, avant de nous y rendre sous le prétexte de compatir à leur douleur. Nous en profiterons pour récupérer Asta. Sans son mari, la solitude sera pour elle, un motif de partir.

— J'adhère à ton plan. J'avoue que c'est génial même s'il est diabolique.

Aussitôt le plan ficelé, ils décidèrent de le mettre minutieusement à exécution. Le lendemain, ils firent appeler Doudaw à qui ils allaient expliquer leur intention.

Doudaw avait vécu avec Isabelle un grand amour qui avait malheureusement fini en queue de poisson. En effet, la cousine de François ne pouvait plus supporter le comportement d'un hors-la-loi, un éner-gumène en perpétuel conflit avec les limiers. Même si elle l'aimait toujours, elle s'était rendue à l'évidence qu'une habitude bien établie devenait une seconde nature. Elle l'avait connu, il y avait presque une décennie pendant ses vacances au Sénégal. L'aventure qu'ils avaient vécue était si agréable qu'après son retour en France, son esprit et ses pensées étaient figés sur ce passage de sa vie, certes court, mais intense en plaisir. Elle ne parvenait pas à l'oublier. Malgré ses horaires de travail chargés, son esprit revivait cette période chaque fois qu'elle se retrouvait seule. C'est alors qu'elle décida finalement de le recontacter par téléphone. Le timbre de la voix de l'homme éveilla en elle des frissons. Elle sentait ses battements cardiaques s'accélérer. Elle finit par se convaincre que son bonheur était entre les mains de cet homme. Elle entama ainsi un processus complexe pour le faire venir en France. Puis, elle retourna au Sénégal pour se marier, et six mois plus tard, le passeport et le visa de Doudaw étaient prêts. Ainsi, il rejoignit Isabelle qui ne le connaissait jusque-là que superficiellement. En réalité, Doudaw avait un lourd passé criminel. Il était bien connu des services correctionnels sénégalais. Il était un bandit très respecté dans le milieu de la haute délinquance qu'il fréquentait depuis son adolescence.

Arrivé en France, malgré le luxe dans lequel sa femme l'avait installé. Il s'était toujours accroché à ses diverses activités illégales de vol, recel, trafic de stupéfiants. Ses va-et-vient incessants en prison avaient complètement découragé Isabelle qui l'aimait certes, mais qui souffrait profondément de ses agissements.

Se sentant impuissante, elle finit par se résigner en demandant le divorce.

Doudaw regrettait sa séparation avec Isabelle, mais était incapable de changer. La rupture, quoique brutale et douloureuse, n'avait rien changé à ses activités illicites. L'habitude est un adversaire redoutable. Elle est tenace et finit souvent par vous dominer. Les pratiques de grand caïd étaient tellement ancrées dans sa vie qu'il ne pouvait plus s'en départir. S'il n'était pas en prison, il était en permanence au bar « *Gueule de Bois* » à Créteil, toujours prêt à exécuter toutes sortes de sales besognes qui pourraient lui apporter de l'argent. Bien que tous les habitués du bar fussent au courant de ses pratiques, il se faisait prendre de plus en plus rarement grâce à son expérience.

Le couple expliqua leur complot au caïd de grand chemin. Sans hésitation et naturellement, celui-ci réclama cinq mille euros pour cette tâche qui semblait insignifiante pour lui. Le couple accepta et le marché fut conclu.

Une semaine plus tard, Doudaw partit au Sénégal. Il ne perdit pas de temps en ville et se rendit à Félata. Arrivé sur place, il mentit aux villageois qu'il était un ami d'Abdoul vivant à Dakar. Afin de gagner leur confiance, il commença à distribuer plein de cadeaux, des gadgets de toutes sortes au grand bonheur des enfants. Et, très vite, il constata que tout le monde affichait un fort élan de jovialité et d'estime envers lui. Désormais, la naïveté des villageois était à la solde de son subterfuge. Tout le monde l'accueillit à bras ouverts. Les villageois lui présentèrent Asta et son mari. Ce dernier, content de voir le soi-disant ami de son gendre, ne ménagea aucun effort pour le mettre à l'aise. Il organisa même un grand festin en son honneur.

Doudaw resta deux jours pour observer les failles qu'il pourrait exploiter. Il constata qu'il était pratiquement le seul homme qui restait avec les femmes au village pendant le jour. Chaque jour, dès l'aube, tous les hommes partaient pour les travaux champêtres. Dans la matinée du troisième jour, il prétexta de rompre avec l'oisiveté, en décidant d'accompagner aux champs le mari d'Asta. En chemin, il sortit les deux oranges qu'il avait gardées dans son sac depuis quelques jours et lui en offrit une. Ce dernier sans arrière-pensée l'accepta en le remerciant de sa gentillesse. Mais, dix minutes après l'avoir mangé, il commença à sentir ses entrailles se tordre. Une douleur indicible, insupportable s'en suivit. L'orange était empoisonnée. Doudaw, qui connaissait l'effet dévastateur de ce poison, retourna avec lui au village. Une heure après leur arrivée, Alpha rendit l'âme devant les villageois inquiets. Le meurtre fut parfait. Les villageois grands croyants s'en remirent à la volonté divine et l'enterrèrent le même jour.

Trois mois après le décès, Claudine et son mari conformément à leur plan, se rendirent à l'aéroport Roissy Charles de Gaulle en partance pour le Sénégal. Une trentaine de minutes après le décollage de l'avion, les membres de l'équipage annoncèrent de petits problèmes techniques de l'appareil. Le commandant hésita à rebrousser chemin, mais se résigna, car la quantité de kérosène rendait l'atterrissage dangereux. Puis la panne fut réparée, mais les conditions météorologiques demeurèrent mauvaises. Pendant le trajet aérien, les perturbations atmosphériques faisaient presque valser l'avion. Les respirations étaient retenues à chaque secousse. À plusieurs reprises, les souffles du couple assassin furent coupés et leurs pensées se culpabilisèrent du meurtre qu'ils avaient commandité. Ils pensaient que la justice divine allait s'emparer d'eux en plein vol. Quand, au bout de cinq heures, la voix du commandant annonça l'atterrissage imminent de l'avion sur le tarmac de l'aéroport de Dakar, François et Claudine n'en croyaient pas leurs oreilles. Depuis leur départ, ils n'avaient pas échangé un mot. Leur stress avait atteint un niveau inhabituel, jamais égalé. Après ce voyage mouvementé, qui avait tant fait monter leur adrénaline, ils débarquèrent à l'aéroport Léopold Sédar Senghor.

Claudine et François venaient de fouler le sol du Sénégal pour la première fois. À la sortie, Mandiaye, un jeune garçon dans la vingtaine les attendait. Il tenait avec ses deux bras musclés, au-dessus de sa tête, une pancarte sur laquelle étaient marqués CLAUDINE& FRANÇOIS. Avant leur voyage, Bassirou les avait mis en contact avec ce jeune qui devait leur servir de guide tout le long de leur séjour. Ils sortirent de la zone des voyageurs et l'aperçurent sans trop chercher. Après les salutations d'usage, il les conduisit à l'hôtel qui leur était réservé puis leur laissa ses contacts.

Mandiaye sortit de l'hôtel, avança quelques pas et décida d'appeler Bassirou pour le remercier de lui avoir trouvé de nouveaux clients. Il l'informa qu'ils étaient bien arrivés et bien installés à l'hôtel. Bassirou qui était à cet instant avec son ami Abdoul n'hésita pas à lui faire part de la nouvelle :

— Abdoul, tu sais que Claudine est arrivée au Sénégal. Elle compte, dans les jours qui viennent, se rendre au village avec son mari pour récupérer Asta.

— Ah bon, c'est une bonne nouvelle pour moi.

— Comment cela ? Ils envisagent de partir avec ton unique fille.

— Je sais, c'est leur intention, mais elle ne se réalisera pas. Tu sais Bassirou, ce village est mystique et si son mari y entre, il se volatilisera comme de la poussière et ce sera une occasion pour moi de reconquérir ma chérie.

— Toi, tu rêves debout. Où as-tu ramassé cette information ?

— *Wait and see...* Je suis originaire de là-bas et je sais bien de quoi je parle. Je vais te raconter un peu d'histoire. Tu sais pendant la période coloniale, des combats âpres eurent lieu à Félata. Grâce à leur pouvoir mystique, les Peuls de la localité tinrent tête aux forces armées des blancs. Leurs techniques de guerres puisées de la nature étaient redoutables. Ils avaient le secret d'envoyer des flèches invisibles qui massacraient de manière impressionnante leurs adversaires. En plus, devant eux, les pistolets, les canons et autres armes de pointes étaient étrangement neutralisés. Ainsi, ils flanquaient de sévères raclées à tous les aventuriers qui les provoquaient. À la fin de la guerre, le chef du village disparut mystérieusement. Son corps n'aurait jamais été retrouvé. Ce n'est que quelques années plus tard, lors des obsèques d'un centenaire, que certains villageois affirmèrent mordicus l'avoir aperçu tôt le matin. Habillé tout en blanc, il leur avait même confié avant de disparaître à nouveau : « Je veille toujours sur ce village. N'ayez pas peur. Je ferai disparaître toute personne mal intentionnée ou tout blanc qui mettrait les pieds ici. Je suis le disparu le plus présent, mais je vis dans la discrétion ». Jusqu'à présent, le village reste hostile à la présence du blanc. On raconte qu'un blanc qui y rentre n'en sort pas vivant, car le vieux protecteur va l'anéantir miraculeusement et il disparaîtra mystérieusement. C'est un secret de polichinelle que les pouvoirs mystiques légués par les ancêtres agissent sur tout blanc qui, pour une quelconque raison, entre dans le village.

— Tu es vraiment confiant. Je sais que l'Afrique à ses mystères, mais je préfère voir de mes propres yeux avant de croire à tout ce qu'on raconte.

Sur cet échange aux allures de promesse, ils se séparèrent. Abdoul confiant et satisfait de la tournure des évènements retourna chez lui dans ses méditations de solitaire.

Le lendemain de leur arrivée, sans perdre de temps le couple français, obnubilé par la raison de leur voyage, prit le chemin du village. Mandiaye leur servit de guide et d'interprète. Une fois au village, Claudine se présenta comme la mère d'Asta. Dès qu'elle vit cette dernière s'approcher, elle fondit en larmes. Leur ressemblance était frappante. Claudine se revoyait en plus jeune, mais les haillons que sa fille portait, lui perçaient le cœur. Revoyant dans sa tête les conditions de leur séparation, elle fondit en larmes. Pendant une dizaine de minutes, elle était inconsolable. Puis, elle la tira auprès d'elle, la serra fortement et elles s'enlacèrent longuement. Asta confuse et émotive laissa échapper quelques larmes. Jusque-là, la communication était muette, elles ne parlaient pas le même langage. La mère ne comprenait aucun mot peul et la fille aucun mot français. Cependant, l'alchimie entre elles était manifeste. Toutes les deux ressentaient quelque chose de fort qui se manifestait à travers leurs gestes.

Après cette phase silencieuse de méditation, Claudine fit appel aux services de Mandiaye pour qu'il leur servît d'interprète. Grâce à ce dernier, elle posa toutes sortes de questions à Asta qui répondait calmement. Ensuite, elle lui proposa de repartir avec elle en France retrouver son frère et sa sœur utérins. Elle lui expliqua qu'elle n'avait aucun avantage de vivre au village. Elle lui promit : « En plus une fois que tu seras bien établie, je t'aiderai à effectuer les démarches pour que tes enfants te rejoignent. »

Mais, Asta avait un grand obstacle pour quitter le village en cette période de deuil. Selon la religion musulmane qui était la seule pratiquée et reconnue dans leur village, la période de viduité de la femme est de quatre mois et dix jours. Pendant ce temps, elle n'a pas le droit d'aller où elle veut. Il est souhaitable qu'elle consacre son temps uniquement à des prières pour le repos de l'âme du défunt. Pour remplir cette exigence, il restait encore un mois dix jours à Asta. Afin de contourner cette barrière cultuelle, Claudine et son mari en complicité avec Mandiaye décidèrent de rester encore quelques jours au village espérant qu'une occasion se présenterait. Le cas échéant, ils disparaîtraient avec elle.

Mais, pendant leur première nuit, un évènement, au-dessus de tous leurs soupçons, vint bouleverser complètement leur plan. Tel que l'avait prédit Abdoul, en une heure de la nuit, François se réveilla. Il sortit de la chambre, guidé par une sorte d'envie d'aller aux toilettes situées derrière les cases. On ne le revit plus. Au petit matin, Claudine n'en revenait pas. Elle ne voyait plus l'ombre de son mari. Automatiquement, un avis de recherche fut lancé à travers le pays. Malgré l'importance des moyens déployés pour alerter tous les médias, aucun résultat positif ne fut obtenu. Tous les habitants du village savaient que François ne serait jamais retrouvé, car son enlèvement revêtait un caractère mystique.

Deux semaines plus tard, Abdoul apprit la nouvelle de la disparition. Il s'y attendait déjà. Loin de s'attrister, il prit la situation comme la récompense qu'il avait toujours attendue. Il appela son ami Bassirou :

— *Boy* tu as entendu la nouvelle ?

— Celle concernant Claudine ? Oui, bien sûr. C'est inquiétant.

— Je te l'avais prédit. Ce village a cette particularité que tous ses habitants connaissent. L'esprit protecteur assimile les blancs aux diables capables de tuer des innocents. C'est pourquoi il ne tolère pas leur présence. Maintenant, il faudrait que tu m'aides à reconquérir ma dulcinée.

— Apparemment, tu n'es pas choqué par ce qui vient de se passer. Comment peux-tu rester insensible à cet évènement ?

— Je ne suis pas insensible. Seulement, j'ai appris que dans la vie, quand les évènements malheureux s'abattent sur toi, la meilleure solution est de les endurer dignement. Que les gens soient sensibles ou pas n'y changera rien. Maintenant, je t'ai appelé pour que tu m'aides à la reconquérir.

— Que puis-je faire dans ce sens ?

— Comme c'est ton amie, invite-la pour qu'on puisse se parler à trois. Tu sais bien qu'elle ne veut rien entendre de moi. Donc il faut réaliser les conditions pour que nous puissions discuter. J'essayerai de lui prouver mon amour éternel et de lui expliquer ce qui s'est réellement passé. Il ne faut pas qu'elle continue de croire que je suis un traître. C'est faux ! C'est mal !

Et cela me fait mal.

— OK j'essayerai de la contacter.

Bassirou raccrocha le téléphone. Il pensa un instant à Claudine. Il était profondément attristé par la disparition de François. Certes, il ne le connaissait pas, mais son empathie pour Claudine était grande. Il estima nécessaire de la rencontrer pour l'assister et l'encourager dans ces moments difficiles. Une semaine plus tard, il décida de faire d'une pierre deux coups en l'invitant avec Abdoul.

22

Si l'incompréhension brûle la relation conjugale et consume l'amour pour le faire envoler en fumée, alors il ne restera plus que la haine pour remplir l'espace vital.

Samedi après-midi, le centre-ville de Dakar refusait du monde, les gens comme à l'accoutumée, vaquaient à leurs nombreuses occupations. Ils se promenaient un peu plus détendus qu'ils ne l'étaient le matin au moment où les tâches professionnelles les contraignaient à observer une certaine célérité. Le soleil, à la fin de sa course quotidienne, était visible à moitié. C'était la fin de la journée ; le temps idéal pour les rencontres d'affaires ou amoureuses, le temps des discussions en tête à tête dans les cafés et celui des balades vespérales tout au long de la corniche. À dix-sept heures quarante-cinq minutes, Bassirou se pointa au Café Le Djolof. Ce café mythique qui au fil du temps avait pu jalousement conserver sa place dans le paysage du centre-ville. Il s'adressa au préposé. Un homme gros et grand dans la cinquantaine le conduisit à une table à trois places. Il s'installa, attendant patiemment ses deux amis à qui il avait fixé le rendez-vous à dix-huit heures. Il avait bien choisi l'endroit pour favoriser Abdoul et lui faciliter la reconquête de Claudine. Le moment aussi ne pouvait pas être mieux choisi pour provoquer les retrouvailles et tenter la réconciliation entre deux amoureux qui ne s'étaient pas vus depuis fort longtemps. Dix minutes après son arrivée, Claudine apparut. Il alla à sa rencontre, lui fit deux accolades et l'invita à s'installer à la table. Puis, il entama une conversation.

— Claudine, cela me fait un grand plaisir de te retrouver.

— C'est partagé mon ami. Ça fait longtemps.

— Oui, la rupture a été brutale. La vie est jalouse. Quand j'imagine la vie qu'on menait avant la guerre. C'était agréable dans l'amitié et l'amour.

— L'amour ? Quel amour ? Il n'y en a jamais eu. La guerre m'a prouvé que les beaux mots ne font pas le grand amour. J'étais tellement attachée à ton ami, je l'aimais à tel point que je ne pouvais jamais imaginer ma vie sans lui. Je pensais qu'il serait à mes côtés même si le ciel s'abattait sur nous. Mais il m'a quittée au moment où j'avais le plus besoin de lui. Quand, j'en parle, j'ai le cœur serré et j'ai envie de crier.

— Je pense qu'il y a un malentendu entre vous…

— Je comprends que tu essaies de le défendre. C'est ton ami et c'est normal. Mais, si tu savais le dommage physique et moral qu'il m'a causé. Je suis là pour ma fille et je ferai tout pour retourner avec elle en France. Je n'ai même plus envie de voir Abdoul. J'espère que nos chemins ne se croiseront plus. D'ailleurs, ce serait mieux d'arrêter de me parler de lui…

Au moment de finir la phrase, Abdoul se pointa devant eux. Il se précipita vers Claudine pour la prendre dans ses bras et l'embrasser. Mais, cette dernière le repoussa vigoureusement. Il buta sur la marche de l'escalier et faillit tomber. Heureusement, Bassirou l'attrapa et il se ressaisit.

— Claudine ! lança-t-il, très surpris de l'attitude agressive de cette femme qu'il savait douce et sensuelle.

— Calme-toi Claudine, fit Bassirou.

— Espèce de traître. Enchaîna-t-elle, tout en se débattant dans les bras de Bassirou qui tentait de la maîtriser.

Claudine voulut prendre ses affaires et partir, Bassirou la retint et la supplia de rester avec eux. Il finit par la convaincre. Puis, tous les trois se mirent autour d'une petite table ronde. Après un silence d'environ un quart d'heure, les ardeurs se calmèrent. Bassirou reprit :

— Je sais que vous vous aimez. Il y a eu beaucoup d'évènements malheureux qui se sont produits des deux côtés. Je sais qu'il n'y a pas de fautif, il y a juste eu une incompréhension. Je ne rentrerai pas dans les détails. Je sais qu'il est difficile de tout oublier, mais je vous demande seulement de tout pardonner. Cet épisode est de l'histoire ancienne. À défaut de pouvoir le corriger, focalisons-nous sur l'avenir en acceptant de repartir à zéro.

— Je ne peux rien dire. Je te demande pardon mon amour, fit Abdoul, très affecté. Mon amour envers toi reste intact. Regarde-moi et tu comprendras. Je suis détruit par tout ce qui s'est passé. Ton absence et l'angoisse d'ignorer où tu étais m'ont miné et m'ont tué à petit feu. Physiquement, je boitille. Moralement, je suis malade. J'ai besoin de toi à mes côtés pour revivre.

— On ne sera plus jamais ensemble. Pour rien au monde ! Je préfère rester seule avec mes enfants que d'être en compagnie de quelqu'un qui m'a déjà fait souffrir. Tu m'as abandonnée dans les difficultés. Qui t'aurait dit que je serais vivante ? Qu'aurais-tu fait si j'étais morte ? Avais-tu pensé à toutes ces questions ? Je t'ai montré un amour aveugle malgré la réticence de mes parents. Et toi, tu n'as pas trouvé mieux que de me livrer à une mort presque certaine.

— Notre fille, reprit Abdoul. Je voulais sauver notre fille.

— Et te sauver aussi... La maman, elle n'est pas importante ! On pouvait en trouver une autre. Raisonnement d'égoïste, égoïste ! s'écria Claudine hors d'elle, en proie à une irritation maladive. Entre nous c'est fini, continua-t-elle.

Abdoul ne savait plus quoi dire. Ses efforts de réconciliation butaient sur l'incrédulité de Claudine. Elle ne croyait pas à un seul des mots sortant de la bouche de son ex-mari. Un mea culpa douteux ne l'intéressait pas. La récupération de sa fille était sa seule préoccupation du moment. D'un bond, elle se leva et dit dans un ton ferme et déterminé :

— Bassirou, je m'en vais. Je t'appellerai pour qu'on parle du dossier.

— D'accord, fit Bassirou.

Les deux amis se retrouvèrent seuls après le départ de Claudine. Abdoul, découragé de la tournure de la rencontre, était sur ses nerfs. Le regard braqué sur son verre de café, il ruminait son dégoût en silence et réfléchissait sur son avenir avec Claudine. Au bout de dix minutes, il se leva brusquement.

— *Boy*, partons. Proposa-t-il à son ami.

— Reste un peu, on va parler, répondit Bassirou.

— Je n'ai plus envie de parler. Je préfère rentrer, faire un petit somme afin de retrouver mes esprits. Cette femme m'a perturbé. Elle m'a vraiment ébranlé.

— Je te comprends mon ami. Partons. On pourra parler demain.

Abdoul rentra chez lui. Il faisait environ vingt heures. Il alla directement au lit, emporté par le profond besoin d'oublier ce qui venait de se passer. Mais, les agissements de Claudine retentissaient dans sa tête et le privaient de penser à autre chose. Anxieux, les yeux grands ouverts, il fixait un coin du plafond. Il resta allongé dans cette position jusqu'aux environs de vingt-deux heures, moment où le sommeil s'empara de lui. Malgré sa fatigue et son mal, il passa une nuit tranquille sans rêve ni cauchemar. Au réveil, il était revigoré comme si les anges de la nuit lui avaient, non seulement prodigué des conseils, mais, surtout, insufflé une nouvelle énergie. « Je dois l'accepter, Claudine n'est plus dans ma vie », murmurait-il. Il prit ensuite la ferme décision de concentrer son amour sur sa seule et unique fille. Le matin, il fit ses valises, sortit de bonne heure et partit pour Félata. Il n'eut même pas le temps d'informer Bassirou.

Après quelques jours, Abdoul commençait à trouver le village bien morose. Il ne partait nulle part, car la marche du temps et le séjour en ville lui avaient fait perdre ses habitudes rurales. Il passait le plus clair de son temps à lire et surtout à rédiger ses mémoires. Une semaine plus tard, de retour des champs, il aperçut dans la concession de sa fille Claudine qui venait tout juste d'arriver. Il fut surpris par sa présence. Dans un premier temps, il était content espérant qu'elle était revenue à de meilleurs sentiments. « Sa rencontre avec Bassirou l'a peut-être fait réfléchir. De toutes les façons, nous sommes faits l'un pour l'autre » pensa-t-il. Mais, sa joie fut de courte durée. À sa grande déception, Claudine le snoba vertement, se comportant comme s'il n'existait pas. Elle était encore accompagnée de Mandiaye sur qui elle comptait pour faire passer son message. Abdoul finit par comprendre que Claudine était venue pour une seule raison : l'amour de sa fille.

Effectivement, Claudine était prête à tout donner, pourvu qu'elle reparte en France avec sa fille, mais les obstacles étaient énormes. D'une part, il y avait Abdoul qui s'y opposait et de l'autre, Asta elle-même qui avait de plus en plus de mal à tourner le dos à ses propres enfants. Claudine oubliait que sa fille était aussi mère de famille. Pendant trois jours, Abdoul et Claudine se croisaient dans le village sans échanger une seule parole.

Au quatrième jour, Claudine après avoir joué en vain toutes ses cartes, décida de kidnapper Asta et de la sortir du village. Au crépuscule, elle réussit à l'attirer dans la voiture que Mandiaye avait louée. Et ils s'enfuirent avec elle.

Le village ne s'en rendit compte que le lendemain au petit matin. La police fut alertée et des barricades furent érigées presque partout dans la ville. Les recherches débouchèrent sur la découverte macabre des corps sans vie de Mandiaye et Claudine. Les conditions hivernales et l'absence de lumière sur les routes avaient précipité leur chute dans un ravin. Les hommes du commissaire Landing alertèrent les sapeurs-pompiers. Après une intervention d'environ une heure, les cadavres furent extraits et transportés à la morgue. Quant à Asta, elle était encore vivante, bien attachée à son siège, mais tenaillée entre la vie et la mort. Le personnel paramédical l'extirpa avec précaution et la déposa sur leur civière. Elle fut transportée d'urgence à l'hôpital laissant derrière elle une foule impressionnée et des policiers sur le point d'entamer leur enquête.

Ce roman a été imprimé
en octobre 2017
au Québec (CANADA)
par Caius du livre
pour le compte
des Éditions Presses Panafricaines